名师名校名校长

凝聚名师共识
回应名师关怀
打造名师品牌
培育名师群体

张志勇题

『三园·四维·五径，以劳促全』

劳动育人模式实践与探索

陈康英 ／主编

中国出版集团　现代出版社

图书在版编目（CIP）数据

"三园·四维·五径，以劳促全"劳动育人模式实践
与探索 / 陈康英主编. — 北京：现代出版社，2022.9

ISBN 978-7-5143-9969-1

Ⅰ.①三… Ⅱ.①陈… Ⅲ.①劳动教育—教学研究—
小学 Ⅳ.①G623.92

中国版本图书馆CIP数据核字（2022）第178473号

"三园·四维·五径，以劳促全"劳动育人模式实践与探索

作　　者　陈康英

责任编辑　张　璐

出版发行　现代出版社

地　　址　北京市安定门外安华里504号

邮政编码　100011

电　　话　010-64267325　64245264

网　　址　www.1980xd.com

印　　制　北京政采印刷服务有限公司

开　　本　710mm×1000mm　1/16

印　　张　10.75

字　　数　172千字

版　　次　2022年9月第1版　　2022年9月第1次印刷

书　　号　ISBN 978-7-5143-9969-1

定　　价　58.00元

编 委 会

目 录

第四章
"三园·四维·五径"劳动育人模式成果

"三园·四维·五径"
劳动育人模式建构

完善的新人应该是在劳动之中和为了劳动而培养起来的。

——欧文

学校一直秉持"人贵自立，全面育人"的教育理念，坚持遵循中华人民共和国教育部制定的《义务教育劳动课程标准（2022年版）》中提出的育人精神，围绕"劳动创造美好未来"的育人目标，为学生构建"三园·四维·五径"劳动育人模式，在学科融合中实现"以劳促全"输出，"以劳树德、以劳增智、以劳强体、以劳育美、以劳创新"。"三园·四维·五径"劳动育人模式的构建，聚焦劳动教育的核心素养，为学生搭建更为广阔的平台，鼓励学生从身边的劳动做起，培养劳动的兴趣、劳动的技能、劳动的习惯和爱劳动的价值追求，有目标、有梯度地进行劳动实践，培养"自爱自信，自理自律"全面发展的珠光学子。

学校劳动教育特色

陈康英

为深入贯彻习近平总书记关于教育的重要论述,全面贯彻党的教育方针,落实中共中央、国务院印发的《关于全面加强新时代大中小学劳动教育的意见》以及教育部印发的《大中小学劳动教育指导纲要(试行)》,提出准确把握社会主义建设者和接班人的劳动精神面貌、劳动价值取向与劳动技能水平的培养要求,使学生树立正确的劳动观念、具有必备的劳动能力、培育积极的劳动精神、养成良好的劳动习惯和品质,从而全面提高学生劳动素养。根据新时代劳动教育的要求、学校的校情和学情,围绕学校"人贵自立,全面育人"的教育理念,结合广州劳育指引、越秀劳育图谱,落实学校"以劳促全,全面发展"的劳动育人目标,系统构建了具有"珠光特色"的"三园·四维·五径"劳动特色教育实施模式,从梯队化的劳育师资、劳动课程、劳动实践、劳动评价着力,构建"劳动创造美好的未来"的立行生活劳动系列、向阳生产劳动系列、逐光服务劳动系列、闪光劳动融合系列、臻美劳动创新系列课程,形成具有"立体多元,真实自主"的劳动育人特色,将劳动教育扎扎实实贯穿于学生每天的学习与生活中,为培养"自立、自强、自律、自信"的时代新人而努力。

一、课程设计

（一）"三园·四维·五径"劳动教育实施模式

1. "三园"

校园、家园、社园，分别贯穿日常生活劳动、生产劳动、服务性劳动。首先以劳动作业设计、实施与评价为切入点。

2. "四维"

学生劳动素养的表现性评价，包含劳动观念、劳动能力、劳动精神、劳动习惯和品质等方面。

3. "五径"

建立以劳树德、以劳增智、以劳强体、以劳育美、以劳创新等分别对应的课程项目群。

形成劳动作业设计—劳动作业实施—劳动作业评价—劳动素养表现性评价—劳动课程项目群的建设—劳动课程作业的优化这样一个螺旋式上升的闭环结构，根据学生劳动素养的不断提升，进行五大系列课程的优化升级和再造，通过劳动教育促进人的全面发展。

（二）"劳动课程·劳动作业·劳动评价"三位一体的课程闭环设计

学校劳动教育的总体设计以劳动课程、劳动作业、劳动评价三者有机构成，相辅相成，形成一个完整的闭环设计（见图1-1）。

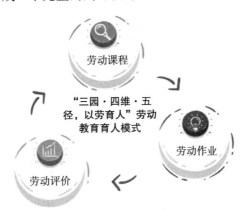

图1-1 三位一体的课程闭环设计

1. "三园"的劳动作业设计清单

校园、家园、社园的"三园"劳动作业设计清单（见图1-2），涵盖日常生活劳动、生产劳动、服务性劳动的劳动作业。劳动作业不仅是提升学校劳动教育质量的重要途径，还是衡量劳动教育课程实施成效的关键尺度，更是显示劳动教师专业素养发展水平的重要标志，是促进"家—校—社"协同育人的重要抓手，具有联通学校、家庭和社会的功能，能充分发挥学校的主导性作用、家庭的主阵地作用、社会的多平台作用。因此，学校充分发挥劳动作业能调动"家—校—社"三者联动联通功能，以劳促全，实现协同育人。

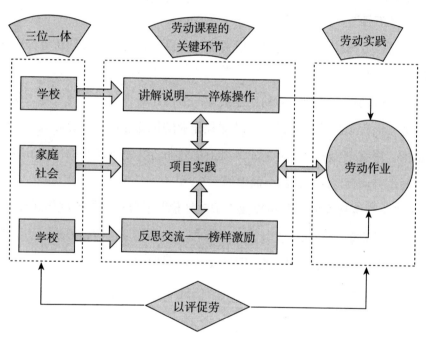

图1-2 "三园"的劳动作业设计清单

2. "四维"的劳动素养评价体系

"四维"的劳动素养评价体系（见图1-3），遵循自主自动性、自我挑战性、过程体验性的评价原则，利用多维度的评价视角，评价学生的"劳动观念、劳动能力、劳动精神、劳动习惯和品质"四个维度的发展。

图1-3 "四维"的劳动素养评价体系

3. "五径"的劳动课程项目群

依据学校的"'三园·四维·五径'的劳动教育实施模式",完成学校劳动课程项目群的设计（见图1-4），指导劳动教育的开展，围绕"以劳促全，劳动创造美好未来"的劳动教育理论，开展一系列相关活动，围绕生活化特色主题，对每一阶段的学生进行分层教育。

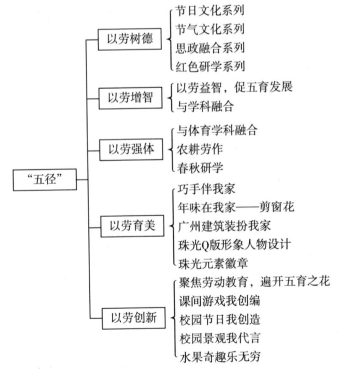

图1-4 珠光路小学"五径"的劳动课程项目群

（三）"三园·四维·五径"模式解读

实施模式解读：通过"三园"作为实施劳动教育的平台，在校园内开展农耕劳作、在家园内开展日常生活劳动、在社园内开展志愿服务劳动，并以"五径"即"以劳树德、以劳增智、以劳强体、以劳育美、以劳创新"作为劳动教育实施的措施，以达到"形成劳动观念、锻炼劳动能力、树立劳动精神、养成劳动习惯和品质"的劳动"四维"发展目标，从而实现本校劳动育人目标。

学校"三园""四维""五径"的劳动教育模式之间的关系是环环相扣、紧密相连的。"五径"作为劳动教育课程、活动设计的载体，劳动活动围绕着"以劳树德、以劳增智、以劳强体、以劳育美、以劳创新"等途径开展，以"三园"——家园、校园、社园作为劳动教育的"劳动场"。一是劳动教育的主要阵地；二是劳动教育资源的供给地；三是学生"四维"劳动素养的培养场，从而实现本校"以劳促全，全面发展"的劳动育人目标。

二、实施路径

本校劳动教育在对国家文件、教育部文件分析后，结合本校"两小一少"（学校规模小、名气小以及资源少）的校情和学生都来自普通百姓家的学情的情况下，确定了本校"三园·四维·五径"的劳动教育实施模式。

以"校园、家园、社园"作为劳动课程的"三园"劳动场，并将贯穿其中的日常生活劳动、生产劳动、服务性劳动作为劳动作业设计、实施与评价的切入点，设计贴合学生生活的劳动作业。

以"劳动观念、劳动能力、劳动精神、劳动习惯和品质"作为学生劳动素养的表现性评价，围绕此设计多维度、多视角的"四维"劳动评价体系。

建立以劳树德、以劳增智、以劳强体、以劳育美、以劳创新的"五径"课程项目群：①与思政课程融合，抓实以劳树德；②与学科课程融合，落实以劳增智；③与农耕劳作融合，夯实以劳强体；④与艺术教育融合，促进以劳育美；⑤与科技创新融合，强化以劳创新。从而形成了劳动作业设计—劳动作业实施—劳动作业评价—劳动素养表现性评价—劳动课程项目群的建设—劳动课程作业的优化这样一个螺旋式上升的闭环结构，根据学生劳动素养的不断提升，进行立行生活劳动课程、向阳生产劳动课程、逐光服务劳动课程、闪光劳动融合课程、臻美劳动创新课程五大系列课程的优化升级和再造，在劳动教育中促进人的全面发展。

三、形成特色

我们的劳动模式以学生劳动素养的发展为主线，基于五育融合理念，以"四维"的劳动素养为核心点，以"三园"为劳动的主阵地（劳动场），通过"五径"的劳动课程理念丰富劳动教育内容搭建了"五育"融合的桥梁，使劳动教育具有"立体多元，真实自主"的劳育特点（见图1-5）。学校劳育创建目标为：构建"三园·四维·五径"的劳动教育模式，创建"立体多元，真实自主"的劳动教育特色学校。

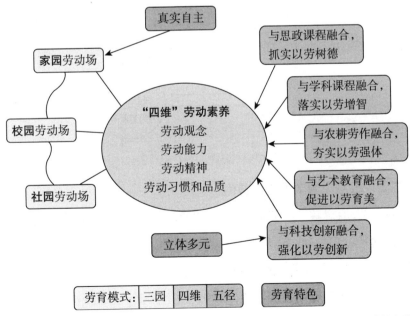

图1-5 "三园·四维·五径"劳动教育模式以及"立体多元，真实自主"劳动教育特色

该模式通过"三园"的劳动场，为学生提供了"立体"的贯穿学生生活的实践机会，并且围绕"五径"劳动课程项目群创建的五大劳动系列，让学生在"多元"的劳动体验中"真实"主动地形成自己的劳动经验，从而"自主"养成"四维"劳动素养，从而使本校以该模式形成了特有的"立体多元，真实自主"的劳动育人特色，促进学生的全面发展。

（一）"三园"劳动场特色

学校建立以校园为主导、家园为基础、社园为依托的"三园"一体协同交融的劳动实践场（见图1-6）。通过家校联动、社区结对以及家长的指导与督促，形成劳动育人合力。强化生活技能、生产技能和服务技能。坚持以技能训练为主的校园劳动规范化，以巩固生活技能为主的家园劳动日常化，以知识技能综合运用为主的服务劳动多样化，做到"三园"劳动教育真情境、真任务、真劳动、真感受。

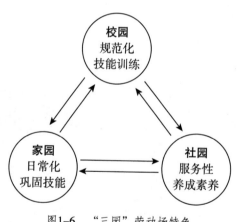

图1-6 "三园"劳动场特色

（二）"五径"劳动课程群特色

通过"劳动+思政""劳动+学科""劳动+劳作""劳动+艺术""劳动+创新"的途径，以构建"以劳树德、以劳增智、以劳强体、以劳育美、以劳创新"的课程群，搭建了立体多元的体验视角，学生主动劳动。

（三）"四维"劳动素养特色

"四维"劳动素养的养成是显性、隐性结合并在生活中发生的，在"三园"立体的劳动场中，学生通过"多元"课程主动体验劳动、习得劳动知识、锻炼自己的劳动技能，在劳动的"知、情、意、行"中逐步上升、逐步整合，内化劳动意识，外显劳动习惯，认同劳动价值，迁移劳动技能，主动发展（见图1-7）。

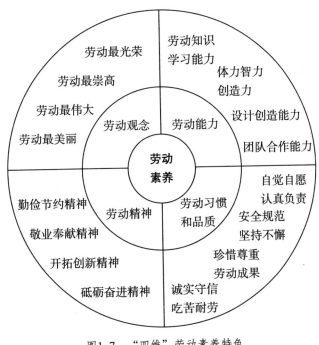

图1-7 "四维"劳动素养特色

四、实施效果

自2019学年以来，本校在学校新劳动教育育人理念的引领下，在全体师生努力探索"三园·四维·五径"的劳动课程实施模式中，劳动教育全面开花，取得了不俗的成绩，具体如下。

（一）学校层面

珠光路小学在特色劳动教育模式的引领下，在劳动教育相关成果与获奖情况上取得了很好的反响，学校共计获得8项荣誉：省级1项、市级4项、区级3项。

省级荣誉：广东省基础教育劳动教育学科教研基地实验学校。

市级荣誉：广州市中小学劳动教育特色学校、广州市中小学劳动教育特色成果奖、广州市"3A级小农田建设学校"、广州市中小学劳动教育试点学校。

区级荣誉：越秀区中小学劳动作业案例评比活动优秀组织奖、"越秀区首届学校劳动作业案例评比活动"团体一等奖、越秀区劳动教育学科教研基地。

（二）教师层面

在以研促教的推行下，学校积极鼓励教师开展劳动、深入劳动，呈现出了教师主动开发劳动教学、研究劳动课程建设的双赢局面。2019年以来，教师共计获得劳动相关奖项13项，其中省级1项、市级2项、区级10项；教师主动研究劳动教学教法，做到深耕融通多维思教，2019年以来主持省级课题结项1项、区级课题立项1项，获得区级奖项2项，开展珠光特色劳动教育相关课题研究，结合学校劳动教育积极探索总结深化公开发表论文2篇、获奖论文1篇，具体如下。

邓锐环老师获得2021年度学术讨论会暨第十七届广东省中小学校长论坛征文评选三等奖。

陈康英校长主持"劳动作业设计"课题获广州市教育学会课题成果三等奖。

获得2021学年第一学期越秀区中心小学综合实践活动课程"活动案例类"设计及实施成果活动二等奖。

萧顺欢、郑巍、朱偲偲老师获得2021学年第一学期越秀区中心小学综合实践活动课程"作业案例类"设计及实施成果活动三等奖。

萧顺欢、郑巍、李欣老师获得2021学年第一学期越秀区中心小学综合实践活动课程"作业案例类"设计及实施成果活动二等奖。

陈康英校长、李翠华老师获得2021学年第一学期越秀区中心小学综合实践活动课程"活动案例类"设计及实施成果活动三等奖。

陈康英校长参与越秀区教育发展研究院"中小学劳动作业设计质量评价

标准"课题获三等奖。

陈康英校长和郑巍、朱偲偲老师获得"双减"工作劳动课程作业设计与实施成果征集一等奖。

萧顺欢、郑巍、李欣老师获得"双减"工作劳动课程作业设计与实施成果征集二等奖。

谢艳媚老师获得"双减"工作劳动课程作业设计与实施成果征集三等奖。

陈康英校长成为越秀区劳动教育协会秘书长。

郑巍老师成为越秀区教研院劳动科中心组成员。

2019年以来劳动教育相关课题研究2项、课题成果3项：

萧顺欢老师主持省级课题结项"新教育形式背景下小学劳动教育生活化校本实践研究"。

郑巍老师主持区级课题"小学劳动教育校本化特色项目开发性研究"。

萧顺欢老师的课题"新教育形式背景下小学劳动教育生活化校本实践研究"获得省级成果三等奖。

陈康英校长，郑巍、李欣、何慧聪、卢小云老师参与的课题"劳动作业设计"获得区级成果三等奖。

陈康英校长参与的课题"中小学劳动作业设计质量评价标准"获得区级成果奖。

公开发表论文2篇、获奖1篇：

陈康英校长、萧顺欢老师发表论文《深耕融通，多维思教——共绘新时代"珠光"劳动教育课程蓝图》。

时任吴海华校长发表论文《珠光路小学劳动教育生活化校本实践探究》。

邓锐环老师撰写论文《校本化的小学劳动教育体系构建与实践》获省级奖项。

（三）学生层面

学校在特色化、模式化的劳动教育模式的指导下，在教师以研促教、促思下开展多元、立体劳动实践活动，学生在各项劳动实践活动、展示活动中取得不俗的成绩，累计获得奖项23项，其中省级4项、市级1项、区级18项。学生在玩中劳动，在劳动中成为"四自少年"，落实学校"人贵自立，全面育人"的劳动教育目标，着力打造珠光特点劳动品牌。

广东省"我劳动，我快乐"中小学劳动实践活动获奖4项：

"制茶——传承中国茶文化"获广东省"我劳动，我快乐"中小学劳动实践活动一等奖。

"我是广府美食小当家"获广东省"我劳动，我快乐"中小学劳动实践活动一等奖。

"我劳动我快乐，志愿者少年说！"获广东省"我劳动，我快乐"中小学劳动实践活动二等奖。

"我劳动我快乐，志愿者少年说！"获广东省"我劳动，我快乐"中小学劳动实践活动三等奖。

广州市中小学"五个一"劳动教育实践活动获奖1项：

"志愿者小分队——共享单车摆放好"获广州市中小学"五个一"劳动教育实践活动三等奖。

越秀区中小学综合实践活动课程创意物化作品类设计及实施活动获奖2项：

"指尖上的雪花"获越秀区中小学综合实践活动课程创意物化作品类设计及实施二等奖。

"传承中国茶文化"获越秀区中小学综合实践活动课程创意物化作品类设计及实施三等奖。

越秀区"五个一"劳动教育实践评比活动获奖7项：

"服务社区——共享单车摆放好"获越秀区"五个一"劳动教育实践评比活动特等奖。

"酿豆腐"获越秀区"五个一"劳动教育实践评比活动优秀奖。

"家务小能手——洗书包"获越秀区"五个一"劳动教育实践评比活动优秀奖。

"创意福画"获越秀区"五个一"劳动教育实践评比活动优秀奖。

"金玉满堂"获越秀区"五个一"劳动教育实践评比活动优秀奖。

"杧果慕斯蛋糕"获越秀区"五个一"劳动教育实践评比活动优秀奖。

"玉兔追月"获越秀区"五个一"劳动教育实践评比活动优秀奖。

越秀区首届学校劳动作业案例评比活动获奖9项并在区域内展示：

"童信告白·寄出我的故事"获越秀区首届学校劳动作业案例评比活动一等奖。

"地铁博物馆讲解"获越秀区首届学校劳动作业案例评比活动一等奖。

"服务社区——共享单车摆放好"获越秀区首届学校劳动作业案例评比活动二等奖。

"红色研学，手绘地图"获越秀区首届学校劳动作业案例评比活动二等奖。

"营养助成长，健康酸奶我会做"获越秀区首届学校劳动作业案例评比活动二等奖。

"清洗简单的小物品"获越秀区首届学校劳动作业案例评比活动二等奖。

"我是广府美食小当家"获越秀区首届学校劳动作业案例评比活动二等奖。

"绿色里种出希望"获越秀区首届学校劳动作业案例评比活动二等奖。

"我与植物共成长"获越秀区首届学校劳动作业案例评比活动二等奖。

建设基础及建设目标

陈康英

一、建设基础

（一）科研成果基础

我校自建校以来就大力开展劳动教育，2021年，我校主持的省级课题"新教育形式背景下小学劳动教育生活化校本实践研究"成功结项，并获得了省级课题成功三等奖。区级课题"小学劳动教育校本化特色项目开发性研究"成功立项。随着我校劳动课程的开发与实施研究的不断深化，我们积累了丰富的研究资料，"新教育形式背景下小学劳动教育生活化校本实践研究"课题成果为我校"五径"课程设计提供了理论支持和案例参考，"劳动作业设计"课题成果为"三园"劳动作业设计提供了大量的案例支持，我校参与的"中小学劳动作业设计质量评价标准"课题为学校劳动教育评价提供了科学的评价依据和评价标准，为我校学生劳动素养"四维"发展提供了评价依据。

（二）人力资源基础

我们的团队有市区劳动中心组成员，22人的团队，由青年教师和中年教师组成，包括高级教师2人、中级教师13人、初级教师7人，依据"以老带新，以新提质"的培养思路，"引、学、研"一体化模式，引学——开展线、圈、面全覆盖的劳动教师培训、学校教师培训等（见图1-8），建设稳定的劳动教育师资队伍，充分利用校外人力资源，作为劳动教育师资队伍的重要补充；自学——教师积极主动地查阅劳动教育、劳动教学优化策略的文献、资料，主动提升自身的劳动素养及劳动教学水平；研学——教师提高了团队协助、劳动教研的积极性，为学校劳动教育的发展提升提供个人智慧、团队智慧。经历了"学习—实践—反思"螺旋上升的"磨砺"，不但专业素养得到了从量变到质变的跨越式发展，还取得了一批科研成果。

我校曾邀请教育部学科教学指导委员会委员的博士专家、《羊城晚报》教育发展研究院执行院长陈晓璇，区、市劳动教研员，四会基地劳动授课老师等先后到我校指导、培训劳动教育教师。

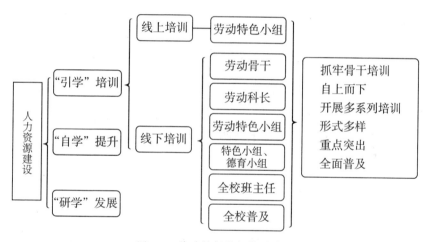

图1-8 劳动教师队伍培训建设

（三）课程建设基础

目前，学校除了已经形成劳动课程框架外，还开发了"二十四节气"劳动教育校本教材以及以"家""校""国"等为劳动教育主题的一批特色劳动教育的项目式学习案例。今后，我们还将继续关注劳动教育研究的最新动态，以此指导研究实践，有力推动我校劳动教育的纵深发展。

（四）劳动作业基础

从2019年至今，我校在劳动作业设计上共获区级奖项10项；在实施上，共计获得17个奖项，其中省级4项、市级1项、区级12项；在劳动评价上获得区级1项："中小学劳动作业设计质量评价标准"课题获得区级成果三等奖。

2019年，上一任校长吴海华在广东省中小学校外教育协会2019年年会暨广州市越秀区首届劳动教育现场会对我校劳动作业设计、实施做经验分享。

2021年，"劳动作业设计"课题获得广州市区级成果三等奖；卢小云老师在区首届劳动作业报告会做以"劳动作业让劳动教育生根开花"为主题的作业设计经验分享。我校成功开展区级劳动作业展示会1场，参与越秀区思政一体化现场会的劳动志愿服务文创作品展示。

2022年，我校成功参与了广州市越秀区首批劳动作业设计、实施与评价的实验项目，陈康英校长在越秀区落实"双减"工作的推进会上，面向全体中小学、幼儿园正职以及分管行政介绍了我校"双减"工作特色亮点——劳作日（劳动技能实践）和手账日（财商劳动体验）的作业设计与实施，获得好评。

2022年3月，我校积极参加上级部门主办的"劳动案例"评比也获得多项奖项。

（五）组织管理基础

学校层面建立两级课程管理架构：劳动教育课程领导小组由陈康英校长担任组长，重点围绕劳动教育课程的开发、实施、评价、管理等问题，从整体上设计课程主题框架，从宏观上把握劳动教育的进程。劳动教育课程教研组由卢小云和何慧聪老师担任组长，重点组织任课教师以劳动课程的具体实施为重点深入开展研讨活动。

（六）劳动教育保障体系

学校建立完善的保障体系（见图1-9）。学校从硬件设施的再优化到软件保障设施的再提升，双管齐下，助力学校劳动教育的高效落地。从楼顶小农田场地建设，专门的劳作场室到有效利用各级各类综合实践基地、青少年校外活动场所等社会资源拓展劳动实践场地，重视劳动教师队伍的提升打造和劳动教育经费的持续投入，保证劳动教育教学工作和活动的正常开展。学校把"广东省劳动特色学校"的创建工作放在品牌建设、特色发展的首位，同时纳入工作计划和新的五年规划中，从人力、财力、物力等 方面给予了巨大的保障。

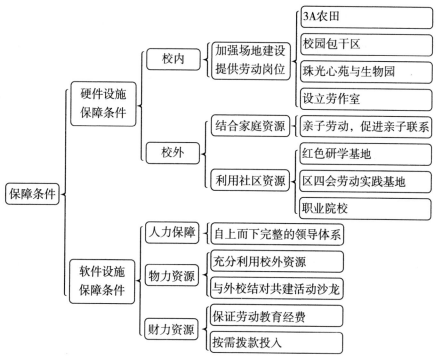

图1-9 珠光路小学劳动教育保障体系

二、建设目标

（一）总体目标

通过创建广东省劳动教育特色学校，建设劳动教育文化丰富、劳动教育形式多样、劳动教育评价科学、劳动实践基地多样、劳动教育师资队伍专业的劳动教育特色学校，继续优化提升我校"三园·四维·五径"的劳动课程实施模式，通过形成具有"持续性&综合性、个性化&中国化"特点的劳动教育，打造成学校"立体多元，真实自主"的劳动特点，全面提高学生劳动素养，培养时代新人，把学校建成在广州市内具有引领和示范作用的劳动教育示范校。

（二）具体目标

（1）以全人教育的视野实施"三园·四维·五径"的劳动课程模式，通过形成具有"持续性&综合性、个性化&中国化"特点的劳动教育，打造成学校"立体多元，真实自主"的劳动特点，促进学生生命成长，为学生获得未来生存与发展的能力打下坚实的基础。

（2）创新劳动课程内容，探寻劳动教育实施路径，建设基于"三园·四维·五径"的劳动课程资源库，从而提升教师的课程开发能力，使劳动课程教师逐步走向专业化。

（3）构建个性化、本土化、普适化的基于项目学习的"三园·四维·五径"劳动课程任务群，引领教师与学生的教与学的内容和方式变革，推动学校育人模式革新。

（4）在"三园·四维·五径"的劳动教育模式基础上，与现代绿色科技接轨，建设适合小学教育的劳动实践场室，让劳动、科技与环保教育相互融合，产生更强大的影响力。

（5）丰富"三园·四维·五径"的劳动教育课程理论及实践经验，为本区域小学实施劳动教育做出表率并提供具有实践意义的借鉴。

三、保障条件

学校依据保障体系，做实做牢劳动教育保障，助力劳动教育的开展，从强化硬件设施保障和提升落实软件设施保障，双管齐下，为学校劳动教育的开展提供全方位的保障。

（一）硬件条件保障"两个巧、一个足"

校内劳动实践场所"巧转化"：改造110平方米的劳作室、优化500平方米的楼顶生物园、创建20个校园劳动服务岗位、开发60平方米的小农田两个30平方米的植物角。

校外劳动实践场所"巧结合"：区四会越秀区劳动基地共建，与番禺区市桥中心小学建立跨区域、跨学科、跨学校的劳动教育结对共建活动，与广东第二师范学院开展职业启蒙，利用社区资源开展红色劳动实践服务。

充足的财力支持：我校重视劳动教育经费的投入，保证学校劳动教育教学工作和活动的正常开展。每年制订劳动教育教学经费计划，按需拨款投入，每年的劳动教育拨款占到学校办公经费的10%～15%，以保障劳动教育的正常开展（见图1-9的硬件设施保障条件）。

1. 校内硬件措施保障条件

（1）开发广州市3A农田：以校内的3A农田为劳动基地，为农耕课程的开展提供场地支持、技术支持等，提升学生的直接体验，并以3A农田为载体，为"二十四节气"课程的开展提供了经验支撑。

学校开设小农田农耕课程（见图1-10），学生在小农田中动手实践，在练习中熟练掌握使用农具的方法，注意使用安全，也在亲手播种幼苗中收获快乐，播种绿色的希望。

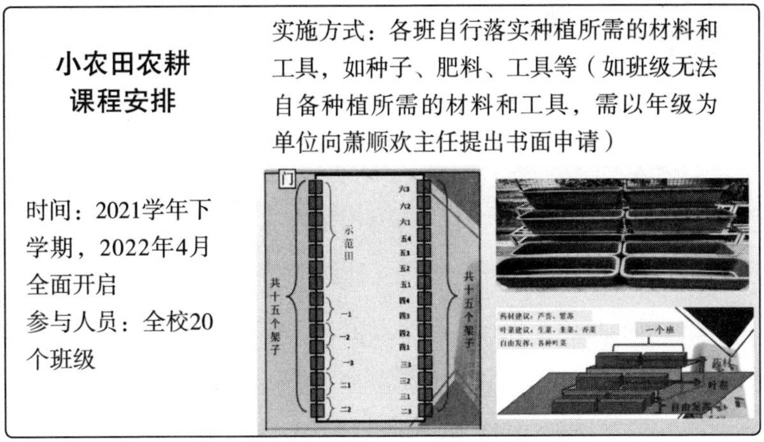

图1-10 小农田农耕课程

除了小农田，随着种植活动的升级，全校各班都有机会尝试动手种植的快乐。学生实地认识喷淋系统，并且在盆里分类种植药材、叶菜和其他作物。

（2）创设校园劳动服务岗位：开展了校园美化的活动岗位自治活动，岗位自治活动面积涵盖了除美化危险区外的全部区域，为学生提供了大量的劳动自治岗位。

校园是我们的家园，课室更是我们校园生活的阵地，擦座椅和窗框、拖地等这些劳动对学生而言是"小菜一碟"，他们也在日常性劳动中更纯熟地掌握技能，也在服务班级、服务校园的过程中增进对学校的感情。

（3）优化生物园与珠光心苑绿植养护区：开展了校园绿植养护（见图1-11），让孩子们在养护的过程中主动观察、主动体验，感受二十四节气与植物生长的关系，并在劳动中体验生命的魅力。

图1-11　生物园与珠光心苑绿植劳动养护安排

（4）设立专门的劳作室：专门的劳作室设立，保障了劳动所需的场地和工具（烹饪、剪纸、清洗和折叠衣服、插画等劳作）的配备以及摆放劳动工具的柜子，并且保证了学生劳作时的安全，同时有利于学生养成劳动后工具的整理等良好习惯等。学生在清洗衣物时，仍要掌握步骤和要领，并且在劳动中形成节约意识，环保清洗。

2. 校外硬件保障条件

（1）紧密家校的联系，开发家园劳动场：客厅、卧室、阳台、厨房，都是学生培养自理、自立能力的劳动场，真实、自主。

如快过年了，广州素有"年廿八，洗邋遢"一说。学生和家长在民俗氛围下动手打扫家居，清扫灰尘，也迎来福气。

（2）深度开发利用社区资源：学校目前开发形成了红色研学基地（见图1-12）、区四会劳动实践基地（见图1-13）、职业学院劳动基地（见图1-14）等。

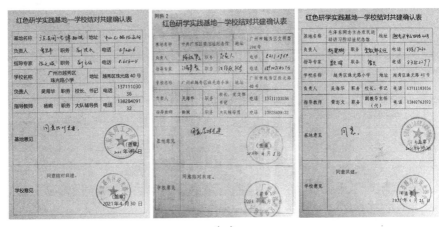

（a）

（b）

图1-12　我校与红色研学基地结对合作

图1-13 区四会劳动实践基地

图1-14 广州市白云区丰华园劳动研学基地和珠光路小学实践教学基地挂牌

红色研学基地也是我校劳动结对的实践基地。我校每周将会选派红色基地宣讲员在文明路区委旧址和周恩来纪念馆开展红色宣讲活动。学生在服务性劳动项目中体会别样劳动的趣味，也在和游客的互动中增长见闻。

（二）软件措施保障条件

为加强学校劳动教育管理实施工作的组织领导，确保劳动教育工作的顺利开展，学校特成立劳动教育管理实施工作领导小组。

1. 劳动教育工作顶层设计小组

由校长任组长，联合教学、德育、总务等部门负责人组成管理小组。制订学校劳动教育实施方案、各项管理制度，决定实施计划及工作。

2. 特色项目课程开发小组

结合校情、区情、学情系统开发劳动特色项目课程，比如二十四节气+劳动课程、农耕劳动课程、红色劳动实践课程项目群。

3. 课程设计及实践组

教学工作组带领劳动学科教研组、备课组、各课题研究小组开展研究，保证劳动课和各学科渗透教学。

4. 统筹推进监督工作小组

带领班主任工作研究小组、少先队大队在思政教育、班会课等活动中，融合实施劳动教育，开展主题活动和交流评价活动，树立劳动观念，激发劳动精神，培养劳动习惯。

5. 项目保障宣传小组

全力保障学校劳动教育的人力、物力、财力等各方面，加强学校劳动教育软件、硬件建设。

劳动模式建设方案

陈康英

一、课程教学

我们将根据不同年级学生的特点，继续拓宽加深"五径"劳动教育课程群，来逐步落实劳动教育目标，创新探索劳动+学科、校内外结合、劳动文化宣传等课程实施路径，在原有校本课程的基础上优化其中内容贴近时代劳动特色，继续开展启发式劳动教育校本课程和项目式劳动教育校本课程的开发与教学。

我们将通过"以校为本，体验为主""聚焦劳育，五育融合""学科整合，多元发展"的课程开发途径（见图1-15），继续深化我校"五径"劳动教育课程群，积极探索多元学习方式和劳动教育的新模式，促进劳动教育的创新与发展，引领劳动教育向纵深发展，形成"立体多元，真实自主"的劳动育人特色。

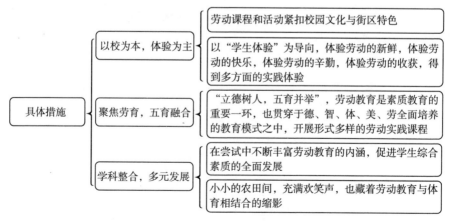

图1-15　珠光路小学劳动教育课程开发途径

二、实践基地建设

学校将在校内劳动实践场所"巧转化"和校外劳动实践场所"巧结合"的基础上，继续深挖校园劳动资源，做实做细3A农田的建设。紧密与家园、社园的联系，开发更多的社区志愿劳动服务项目和推进与环境保护科技场馆的项目合作，以期开展现代绿色科技劳动，建设适合小学教育的劳动实践场室，让劳动、科技与环保教育相互融合，产生更强大的影响力，落实"三园"劳动场的建设、开发，建成立体的学生劳动场。

三、校本课程建设

（一）向美而生、逐光而行的价值追求

学校将继续运用"引、学、研"一体化模式深化教师队伍的建设，保障校本劳动课程建设的科学性、有效性。

引——立体化：学校主动为教师开展"点、线、面"全方位、多维度的针对性劳动培训，组织教师集中宣讲《大中小学劳动教育指导纲要（试行）》等文件，重点针对劳动教育是什么、教什么、怎么教等问题，细化有关要求。

学——自主性：教师主动思考并自主学习，教师主动运用线上网络平台、线下图书资料学习劳动知识，收集、整理、汇编有关劳动教育内容，了解劳动教育的方法，掌握有关劳动技能。

研——创新性：学校成立劳动教育中心组，每周进行上课、听课、评课等研讨活动，提升教师的课程实施能力。同时教师形成教师劳动沙龙，互相分享、互相学习，边学习、边实践、边研究、边提高，促进团队集体发展。

（二）多元课程实现劳动价值追求

我们将继续深化"五径"劳动课程群，通过"多元"的劳动课程为学生营造"愿劳动—学劳动—会劳动—爱劳动"的劳动氛围，学生在主动体验中学习劳动技能，使得劳动教育从知识育人走向实践育人、从课堂育人走向

开放育人、从书本育人走向生活育人，让学生成为生活的主人、成为自己的主人。

1. 立行生活劳动系列

通过立行生活劳动系列课程的建设（见表1–1），让学生在"家园"中锻炼在校园中学习的劳动技能，在校园中分享在家中学习的劳动妙招，贴近学生的生活，使劳动生活化，打破劳动与生活之间的隔阂，日常生活劳动主要包括清洁与卫生、整理与收纳、烹饪与营养、家用器具使用与维护等。

表1–1　立行生活劳动系列

主题	内容
生活中的小游戏	剪纸、图形画、魔方、七巧板、绕口令、磨豆浆等
奇妙的生命	种植小盆栽、养小动物、种豆芽、养魔豆等
生活自理技能	缝纽扣、叠被子等
今天我当家	一周家庭财务开支、预算。每天记账，精打细算
我爱我的家	洗书包、洗鞋子
年味在我家	生活简餐。如煮面条、炒鸡蛋
巧手伴我家	利用碎布缝玩偶，纽扣画

2. 向阳生产劳动系列

学生在生产劳动系列课程中，主动参加包括农业生产劳动、传统工艺制作、新技术体验与应用（见表1–2）。农耕课程主动体验动植物的生长变化，增强"劳动最伟大"的观念（见表1–3）。在体验传统工艺制作中，通过动手劳动树立文化自信意识，体验新技术，从而感悟"劳动创新"的魅力。

表1–2　向阳生产劳动系列

主题	内容
农业生产劳动	开辟五块生物园小山
传统工艺制作	"美化环境小巧手"趣味剪纸、插花
新技术体验与应用	中国高铁的发展、如何建立、里程数

表1-3 农耕劳动课程学科融合设计

课程名称	学科	内容
农田诗社	语文	创作田园诗歌、农田里的朗诵、观察类日记与作文撰写等
农田设计师	数学	测量、计算种植距离等
农田英语社	英语	英语朗诵,用英语介绍种植情况或农田里的故事等
农田艺术馆	美术	用美术装饰种植区,画出种植区、植物等
农田音乐吧	音乐	农田里的音乐课,农田相关歌的传唱、改编歌词等
科学种植员	科学	种植技术、植物中的科学等

3. 逐光服务劳动系列

服务劳动系列以"三园"为劳动场,在校园中为学生创设"校园劳动自治岗位";在家园中鼓励学生积极参与家务劳动,自己的事情自己做、家里的事情我能做;在社园中积极与社区联系(见表1-4),为学生创设志愿服务岗位,通过"三园"合力,增强学生的劳动自主性,增强劳动效能感,提升劳动素养的转化率。

表1-4 逐光服务劳动系列

主题	内容
校园自治岗位	美化校园
校园自治岗位	校园绿化我来护
校园自治岗位	班级卫生我负责
共享单车	共享单车的治理、针对共享单车的现状如何进行有效的处理
红色宣讲	红色故事我讲述

4. 闪光劳动融合系列

通过红色宣讲志愿劳动实践课程(见图1-16),开发社区劳动资源,紧扣国家社会发展新趋势,结合学校特色,遵循学生成长规律,并且以此打造"劳动+思政"课程。

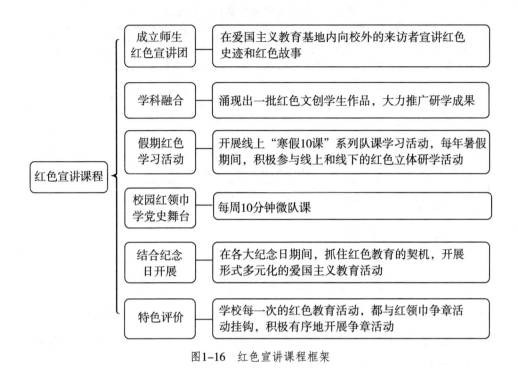

图1-16　红色宣讲课程框架

5. 臻美劳动创新系列

创新劳动课程，以"二十四节气"为劳动课程大主题，对课程内容进行逻辑整合和重视其中的结构化，围绕"五径"课程群，创设"劳动+X"跨学科新课程模式（见图1-17至图1-19）。让学生主动参与相关主题劳动，主动体验劳动，更好地在校园融合我国传统文化教育，培养少年的文化自豪感。

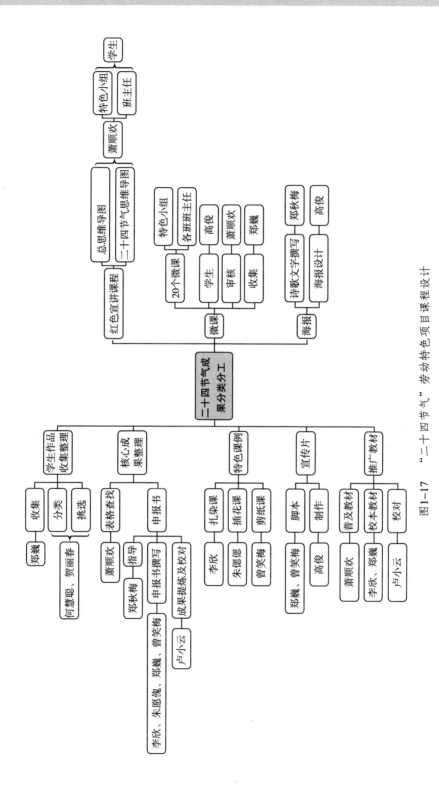

图1-17 "二十四节气"劳动特色项目课程设计

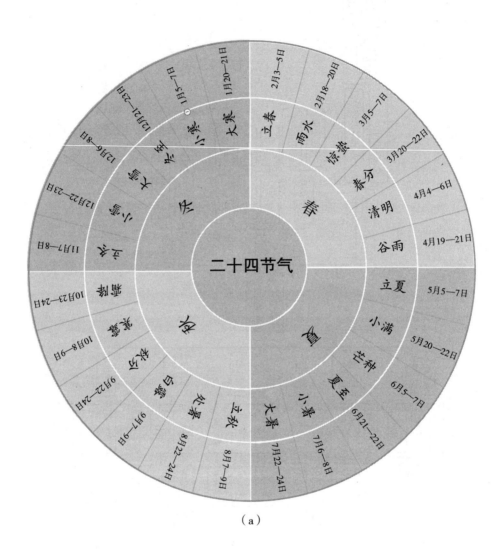

（a）

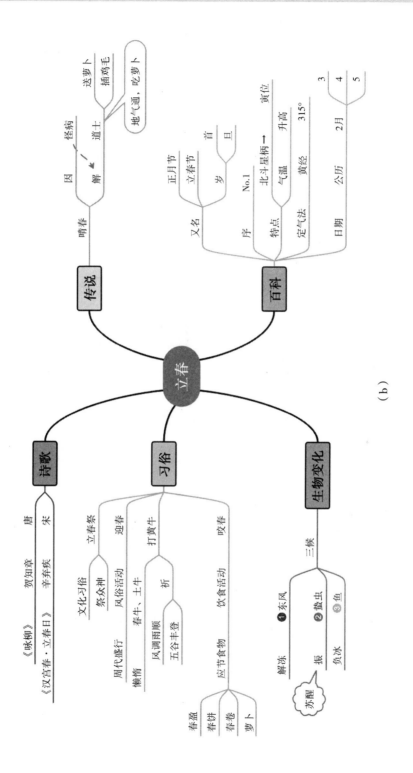

（b）

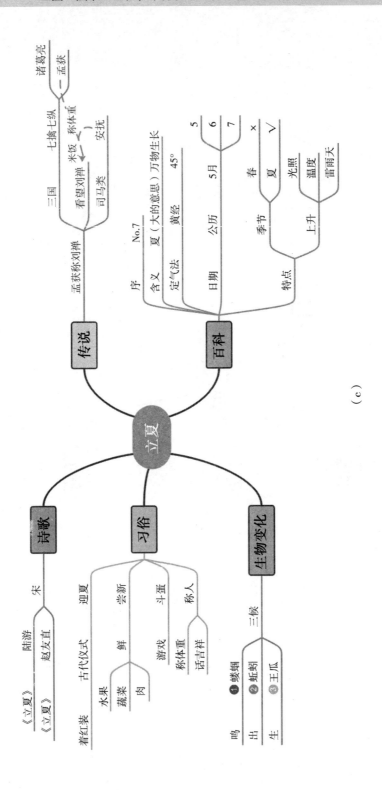

（c）

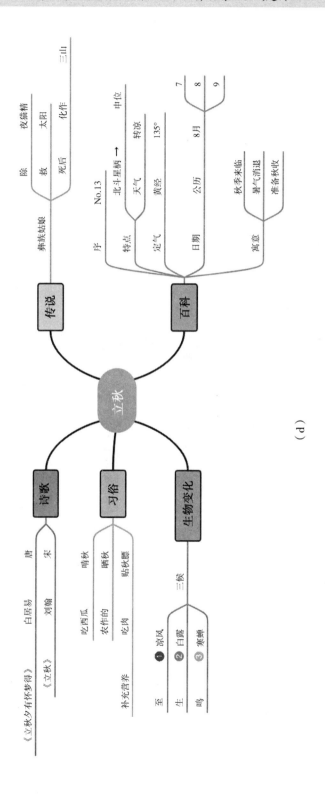

（d）

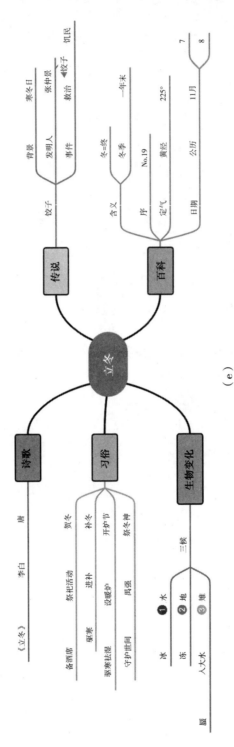

图1-18 "二十四节气"汇总图及四个节气思维导图（e）

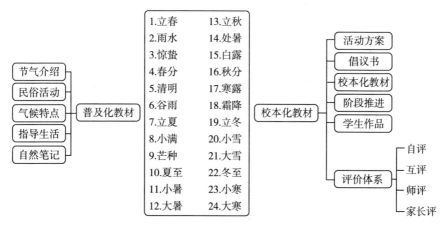

图1-19　珠光路小学"二十四节气"劳动特色教育图谱

我们计划通过开展多元课程，紧跟孩子的劳动成长步伐，让学生在"五径"劳动课程群中主动体验，从而培养劳动意识，增强劳动情感、劳动自觉性，树立正确的劳动价值观，以达成劳动课程模式的"四维"劳动素养发展目标。

（三）落实"双减"，特色劳育

基于"双减"背景下，劳动作业已经成为新风尚，继续以"校园、家园、社园"作为劳动课程的"劳动场"，做好日常生活劳动、生产劳动、服务性劳动的劳动作业设计、实施与评价，创新劳动作业形式。我校将开展缤纷假期"无作业日"活动："亲子劳作日""亲子手账日"，学生和父母一起分担家务或者制作手账，在享受劳作趣味的同时，拉近亲子间的距离。

（四）多元评价，提升技能

创新的评价体系，坚持过程性评价与终结性评价相结合，在"四维"发展目标创设的具象化、持续的劳动评价体系的基础上，以少先队的"劳动章"为抓手，以进阶式的争章活动为途径，继续优化对学生劳动作业的实践表现和劳动成果客观评估的手段，充分发挥以评促劳的功能和效用，以培养学生的劳动素养，从而落实我校"劳动课程·劳动作业·劳动评价"三位一体的课程闭环设计。

1. 多元评价，多维导向

我校的校本化劳动评价体系具有较强的实践意义及指导意义。首先，评价体系是遵循劳动评价的三大原则（见图1-20），即自主自动性原则、过程体验性原则、自我挑战性原则，将学生的真实体验参与作为评价的对象，以此通过评价提高学生的劳动参与的主动性和创造性。其次，通过设定家长评价、教师评价、自我评价、同学评价等，注重评价主体的多元化，拓宽评价的维度，增强评价的信度，并采用横向评价与纵向评价相结合的方法，实现了评价的多维度，使得评价立体化。横向评价，让学生更了解自己的劳动水平；纵向评价，让学生看到自己的劳动提升，获得劳动效能感。最后，评价体系紧扣劳动"四维"培养目标，以此作为评价的基本要求，使评价目标明确、证据充分、流程清晰，为我校劳动教育的提升发展提供了支撑和导向。

图1-20　珠光路小学劳动评价原则

2. 多元评价，优化赋能

校本的评价体系是个性化的、持续发展的，除了有效结合我校少先队"劳动章"活动外，还创新结合我校劳动展示活动，设计了多个着重点不同的劳动奖励——劳动好孩子、劳动小达人、劳动之星（见图1-21）。劳动评价的多元化为学生提供了劳动的展示平台，作为学生的能力检验台、学习台。学生通过评价检验自己的劳动技能，同时促进学生继续优化学习劳动技能。

图1-21 珠光路小学劳动奖励

四、科学研究

（一）组建队伍研训一体

学校购置了大量与劳动课程相关的参考书，并从知网上下载了许多相关的劳动学术文章，教研团队通过研读大量有关劳动教育等书籍、文献，开展多场、全面覆盖的教师培训，以及解读《关于全面加强新时代大中小学劳动教育的意见》《大中小学劳动教育指导纲要（试行）》《广州市中小学劳动教育指导纲要》等文件精神，潜心研究课程实施方法，科学研究每个项目式主题活动过程，并亲自动手实践，反思和改进、优化教学，做到科学、合理、贴近教育改革所需及学校实际。

（二）以研促教，彰显活力

今后，我们将听取劳动教育专家的建议与意见，以使课程设计日臻完善。我们还将继续关注劳动教育研究的最新动态，持续阅读相关文献，撷取精华，指导我们的研究实践，有力地推动劳动课程研究向纵深发展。

五、辐射带动

在不懈努力和持续探索中，我校取得了不俗的成绩，先后被评为"广东省基础教育劳动教育学科教研基地实验学校""2021年广州市中小学劳动教育特色学校"，并获得"2021年广州市中小学劳动教育特色成果奖"。

荣誉的收获，离不开全体师生的辛勤耕耘，我们也更愿意把成功经验分享给兄弟学校和有志于研究劳动教育的同行。我校和广州市番禺区市桥中心小学结对开展"劳动让幸福的笑容更甜"，与四会越秀区青少年劳动基地开展"劳动创造幸福越秀"，与广东第二师范学院开展以"劳动创造美好未来"为主题的结对共建劳育活动。这次跨区域、跨学科、跨学校、跨学段的劳动教育结对活动也让劳动教育在合作的力量中继续往纵深发展。

六、展示交流

2019年，吴海华校长在广东省中小学校外教育协会2019年年会暨广州市越秀区首届劳动教育现场会做经验分享。

2021年4月，我校卢小云老师在"幸福都是奋斗出来的"越秀区首届劳动作业专题报告会上作为教师代表发言，以"劳动作业让劳动教育生根开花"为主题，对我校的劳动作业案例进行分享。

2021年10月，我校陈康英校长在越秀区落实"双减"工作推进会上，做了我校的劳动特色项目"劳作日"和"手账日"经验分享。

2021年11月，越秀区人大到我校参加"珠光"劳动展示会，参观我校劳动作品在越秀区思政一体化现场会的劳动实践作品展示。

2022年2月29日，越秀区人大邹春燕副主任以及越秀区教育局副局长陈晓到我校调研，陈康英校长做了"劳动特色学校"创建工作汇报。

2022年3月29日，我校郑巍老师在越秀区劳动专题研究会做了我校劳动教育经验分享。

2022年4月29日，我校成功完成了广州市越秀区首批劳动作业设计、实施与评价的实验项目调研活动展示。

七、项目实施步骤

（一）准备阶段（2022年5—8月）

收集有关劳动教育理论资料，阅读相关文献，学习相关理论，查找劳动教育、劳动教育课程开发与实施的资料，了解国内外研究现状，分析课程实施的科学性、可操作性，确定课程内容与目标，进一步优化建设劳动实践场所与教学设施设备。邀请专家团队入校，进行专业培训与指导。

（二）研究学习阶段（2022年9—12月）

成立项目管理小组和课程教研组，落实实施人员及其具体分工，整体规划内容，完善"三园·四维·五径"劳动教育课程框架，构建学校的劳动特色，研发课程内容，营造劳动育人文化氛围，构建珠光特色的课程评价体系，与此同时，加强学校科研课题的研究和引领，深化学习实效。

（三）全面实施操作阶段（2023年1—12月）

系统化、循序渐进地推进"三园·四维·五径"劳动教育课程的校本化实施，打造珠光的劳动特色。进一步保障劳动课程实施的条件，将加强劳动场室建设、强化劳动教师专业培训、深化课程教学改革实施、及时总结成果凝练、积极展示交流同步进行。

（四）总结推广阶段（2024年1—12月）

本阶段的主要目标是对该劳动模式在实施阶段中得出的目标系列、可行的实践内容、活动方式进行再修改、提炼，使之趋向实操性强、系统性高，并对研究成果进行展示、推广，以带动区域内乃至全省基础教育劳动教育的新发展。

八、组织管理

由于我校"三园·四维·五径"劳动教育模式的落实具有"立体多元，真实自主"等特点，一个高质量的项目式学习更需要团队合作来完成，因此学校的组织管理显得尤为必要。每个具体的项目式学习任务的策划者和组织者都是一线教师，而当涉及学科之间的融合、课堂教学与学校活动的统整、课时的灵活调配时就需要学校教学管理者发挥课程领导力，对项目式学习设计与实施进行统筹管理。校长作为整个劳动教育项目的顶层设计者，由主管教育科研的教导主任统筹组织落实，包括组建劳动教师研究团队，组织教师培训，配置项目学习资源，注入社会力量支持等，确保项目式学习的进度和质量。前期，我们已成立了专项领导小组，后续将进一步积极协调各个部门力量，保障学校各项工作有序推进。在组织领导方面，学校也会继续致力于教师团队的打造，设置劳动教育科组，班主任组成相对稳定的劳动教育教师队伍，建成劳动教育保障体系（见图1-22）。进一步加强学校硬件设施和软件设施的提升，重视劳动教育保障，保证学校劳动教育教学工作和活动的正常开展。

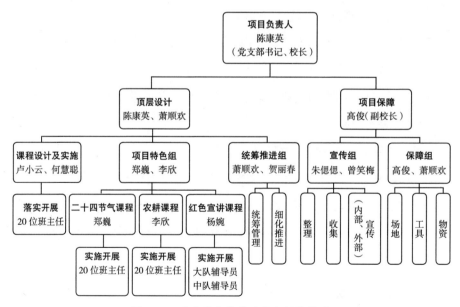

图1-22 珠光路小学劳动教育保障体系

第二章

"三园·四维·五径"
劳动育人模式实施途径

为社会服务是很受人赞赏的道德理想。

——杜威

　　"三园·四维·五径"劳动育人模式的实践范畴涵盖了日常生活劳动、生产劳动和服务性劳动，以"'三园'项目式劳动课程""二十四节气劳动课程"为主线，以任务群为基本单元，构建一系列的劳动任务。在家园里，学生要完成基本的家务劳动，培养生活技能。在校园里，学生要团结合作，通过劳动创建更美好的校园。在社园里，创建服务型劳动基地，为学生打造红色立体研学路线，让学生在劳动实践中获得认同感与满足感，培养劳动的兴趣和习惯，提升劳动的能力。

以项目式学习推进珠光路小学劳动教育的有效实施

——以"三园"项目式劳动课程为例

萧顺欢

随着新课程改革的深入，劳动教育课程在小学课程体系当中的地位日益提高，逐渐成为学生综合素质培养的重要平台，在推动学生成长成才方面发挥着积极的促进作用。为更加有效地推进珠光路小学劳动教育的实施进程，充分发挥劳动教育成效，我校在校情和学生新劳动学情的基础上，设计并开展了"三园"项目式劳动课程，将劳动生活化，遵循学生的发展体验，为劳动教育课程设计提供新的思路和视角。

一、前言

（一）研究背景

1. 深入开展新时代劳动教育符合当代教育改革的趋势

习近平总书记在2018年9月10日全国教育大会发表讲话时强调："我们要努力构建德智体美劳全面发展的教育体系，全力培养全面发展的社会主义建设者和接班人。目前在'五育'的教育体系中，劳动教育是其中的短板，构建'新劳动教育'的内涵和探索，是新时代教育的发展趋势。"2020年3月中共中央、国务院发布的《关于全面加强新时代大中小学劳动教育的意见》强调劳动教育是中国特色社会主义教育制度的重要内容，它能促进学生形成正确的世界观、人生观和价值观，同时也对劳动教育开展的次数和课时做了规定，明确指出"中小学劳动教育课每周不少于1课时"，这也为劳动教育课程的开展奠定了基础。

2022年教育部正式发布的《义务教育劳动课程标准（2022年版）》明确要求劳动课程平均每周不少于1课时，用于活动策划、技能指导、练习实践、总结交流等。这门课程需以丰富开放的劳动项目为载体，重点是有目的、有计划地组织学生参加日常生活劳动、生产劳动和服务性劳动，让学生动手实践、出力流汗，接受锻炼、磨炼意志，培养学生正确的劳动价值观和良好的劳动品质，并且注重评价内容多维、评价方法多样、评价主体多元。

2. 小学劳动教育对小学生德智体美劳全面发展的重要意义

劳动教育是国民教育体系的重要内容，是学生成长的必要途径，具有树德、增智、强体、育美的综合育人价值。

（1）劳动教育对学生的德育有育人价值。

小学生在劳动教育的育人价值下进行劳动，完成劳动成果，在这个过程中不断体会劳动成果的来之不易，从而懂得珍惜劳动成果，树立劳动最美好、劳动最光荣等劳动观念。

（2）劳动教育对学生智力的发展有育人价值。

劳动教育的类型有日常生活劳动、生产劳动和服务性劳动，这些劳动的内容与学科知识不同，能帮助学生建立完善的知识体系，促进学生的智力发展。

（3）劳动教育能增强学生的体质。

劳动教育主要以体力劳动为主，注重手脑并用，让学生亲身经历劳动过程，因此在劳动教育过程中也能增强学生的体质，发挥劳动的育人价值。

（4）劳动教育能培养学生的美育。

不同的劳动成果体现着学生的美感，在欣赏和创造劳动成果中体会劳动之美、劳动精神之美。

3. 实施小学劳动教育的理论基础

根据《关于全面加强新时代大中小学劳动教育的意见》，从小学低年段、小学中高年段、初中、普通高中到高等学校，每个阶段的学生都有不同的劳动教育内容，各阶段的内容呈现螺旋式上升、阶梯性成长的状态。小学主要以劳动意识启蒙、劳动习惯养成为主，这为初高等学校的劳动教育开展树立了意识和奠定了行为基础。

《义务教育劳动课程标准（2022年版）》中对劳动课程内容共设置十个任务群，每个任务群由若干项目组成（见图2-1）。日常生活劳动包括清洁与卫生、整理与收纳、烹饪与营养、家用器具使用与维护四个任务群。生产劳动包括农业生产劳动、传统工艺制作、工业生产劳动、新技术体验与应用四个任务群。服务性劳动包括现代服务业劳动、公益劳动与志愿服务两个任务群。每个任务群的要求都具有针对性，不同学段达成的劳动目标不同，使学生在劳动中逐步提升劳动能力，形成劳动素养。

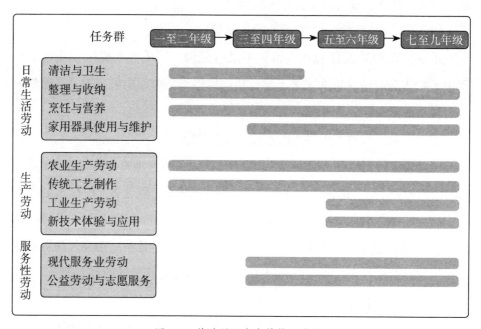

图2-1 劳动课程内容结构示意图

小学作为整个教育体系的基础，是各级各类学校教育的基础，是学生开始进入学校学习的基础，更是劳动教育的基础。提高劳动教育的质量必须从小学抓起，在小学阶段学生的向师性等身心发展特点更有利于学生接受劳动教育的观念，提高劳动教育的质量，进而推进中高等学校的劳动教育和劳动教育质量的提升。

（二）研究基础

1. 校情分析

珠光路小学地理位置优越，临靠繁华的北京路，是广州老城区的一所"老"学校，但拥有"两小一少"的特点：规模小、名气小、资源少，是老百姓家门口的学校。为数不少的珠小学生家长多为外来务工人员，平日忙于生计，对孩子培养目标模糊，陪伴孩子的时间较少，对学校教育支持度比较低。

学校教师较少接触劳动教育，对劳动教育的认知较少。学校秉承"自爱、自信、自理、自律"的校训，一直为学生提供"适合发展"的教育路径，让"普通"的他们，一样可以拥有积极进取的"四自"人生。经过不断尝试创新，珠光路小学探索出珠光特色的劳动教育校本化实施路径，让珠光特色的劳动教育成为促进学生五育并举的强大内在推动力。

2. 办学理念

劳动教育课程目标为小学劳动教育深入开展提供方向和奠定基调。劳动教育目标的设计从简单到复杂，从知情意行逐步培养，形成一个完成的劳动教育体系。

根据国家的要求、学校的校本情况、学生和家长的需求以及学生的身心发展规律，在劳动教育的大背景下，珠光路小学从国家发展、社会发展、学校发展及学生自身发展四个层面，从学校实际出发，制定珠光路小学劳动教育育人目标体系，确立了学校"以劳促全，全面发展"的劳动育人目标。

3. 劳育现状

依据劳动教育育人目标体系，设计劳动教育校本课程内容。基于第一阶段启发式劳动教育的课程计划，授课教师和学生对劳动教育校本课程有较为深入的了解与认识，教师也有一定的教学经验，学生的劳动技能也有了明显的提升，从而推行学校第二阶段"三园"项目式劳动教育校本课程。项目式劳动课程的课堂以学生为中心，教师占主导地位，学生在教师的引导下主动发现问题，提出项目的构思，并通过实践、体验、展示设计成果等方式来解决生活中的实际问题。

二、"三园"项目式劳动课程的确定

基于我校以上校情及劳动教育现状的分析，结合我校"以劳促全，人贵自立"的劳动教育目标，确定设计"三园"项目式劳动课程，即家园、校园、社园的项目式劳动课程，成为学生多元立体的劳动场和劳动资源开发的指导路径，使学生在生活中"学劳动、会劳动、爱劳动"，主动培养自己的劳动核心素养。

（一）确定项目式劳动课程主题

在珠光路小学劳动教育目标的导向下，根据不同年级的学生特点，展开阶段性的劳动教育，于每学年第二学期推出项目式劳动教育校本课程，设计家园、校园、社园三大项目式课程。

项目式劳动教育课程的开设，以项目式主题研究为载体，设置了必选项目和自选项目，三大项目式劳动课程的设计，贴近学生的生活，使劳动课程生活化，能够有效提升学生的知识学习质量和学习水平，而且能够保障学生的学习内容与个人的生活环境紧密关联。在生活化教学的背景下，教师开展劳动教育的质量以及学生的学习效率能够得到双重保障。学生在家庭生活中形成一种积极的劳动态度和劳动认知，且能够在不断学习劳动知识和文化的同时实现个人劳动观念与劳动态度的有效转变和发展。而且，教师结合学生的家庭生活对其开展劳动教育，除了可以帮助学生构建良好的生活化学习状态和学习空间之外，还能让学生在日常生活过程中发现更多关于劳动的知识与内容，延续劳动精神。

建立以校园为主导、家园为基础、社园为依托的项目式一体协同交融的实施模式。通过家园主题、校园主题、社园主题的劳动项目，形成劳动育人合力，强化生活技能、生产技能和服务技能。坚持以技能训练为主的校园劳动规范化，以巩固生活技能为主的家园劳动日常化，以弘扬劳动精神为主的社园项目劳动多样化。做到项目式劳动教育真情境、真任务、真劳动、真感受。加强做中学、学中思、思中悟，内化劳动意识，外显劳动习惯，体认劳动价值，迁移劳动技能。

（二）设计项目式劳动课程

1. 家园·项目劳动课程

家园·项目劳动课程依据不同年级的劳动能力设计了不同的项目主题，并且划分为必选项目和自选项目（见表2-1）。课程设计紧密了家校合作的关系，以开发家庭生活技能劳动为主，围绕"我家"为劳动场，学生在"我家"体验劳动，培养学生在生活中劳动的情感，转变仅在学校教师的指导下才去劳动的现状，学生形成在家中"抢着帮忙"的劳动自觉性，以此增强家校之间的紧密联系，增强学生在生活中的劳动意识。

表2-1 珠光路小学各年级家园·项目劳动课程教育活动主题和内容

年级	活动主题	活动内容		自选项目
		必选项目		
		生活技能	劳动技能	认识我家
一年级	我爱我的家	洗书包 洗鞋子	种盆栽、种植物、饲养动物	收集家人之前的照片。 调查家族的故事。 设计"我家"独特的徽章或Logo。 写下我家的劳动故事
二年级	年味在我家	生活简餐。如煮面条、炒鸡蛋	剪纸。如剪窗花、剪"福"字、剪"喜"字等	
三年级	巧手伴我家	利用碎布缝玩偶，纽扣画	插花	
四年级	今天我当家	一周家庭财务开支、预算。每天记账，精打细算	设计一个有趣、有意义、安全的课间游戏	
五年级	广州建筑装扮我家	设计并完成年夜饭的一个菜	做一个广州市大型标志建筑物的立体模型（桥、大厦等）	

年级	活动主题	活动内容		自选项目
		必选项目		
		生活技能	劳动技能	认识我家
六年级	绿色环保卫我家	学会并进行垃圾分类、认识污水处理、调研家庭使用共享单车现状	小组合作设计一个合理的垃圾填埋场、完成污水对动植物的影响调查报告、共享单车的治理、针对共享单车的现状提出有效的处理方案	
	红色基因、粤语文化绘我家	推广粤语文化。例如，把粤语与普通话的区别编成绘本或情景剧，上演家庭小剧场	学习并选一个重点会议或战役，小组完成党历史的立体书。级长安排并分配各班选用的历史时期	

2. 校园·项目劳动课程

学生在学校开展的普通劳动课程中仅能学习劳动技能，锻炼自己的劳动能力，而校园·项目劳动课程分为班级主题和校园主题两部分（见表2-2和表2-3），一共包括了八个劳动主题，创设班级、校园的劳动岗位、劳动活动，学生开展多元劳动，可以发挥学生的劳动积极性。以班级、校园作为劳动场，不仅培养了学生的劳动意识，还增强了学生的校园主人翁意识，潜移默化地让学生养成尊重自己与他人劳动成果的素养，从外显到劳动的内化。

表2-2 珠光路小学各年级校园·项目劳动课程——班级主题

校园·课程——班级主题（一至六年级）		
日常劳动我能行	美丽班级我创造	班级活动我来办
1.创设班级劳动岗位。 2.创新班级劳动制度。 3.学会一项劳动技能，劳动技能大比拼，评比劳动小模范……	1.确定设计主题，如体现民俗特色的教室，彰显科技元素的教室，凸显班级精神的教室…… 2.设计草图。 3.班级美化分工。 4.美化过程记录	1.可以利用"校园课间"来开展班级特色活动。 2.发明一项班级安全有趣的游戏：名称、玩法、注意事项。 3.设计一种简易安全的游戏器材：名称、玩法、安全须知。 4.创造传统游戏新玩法，如唱着童谣跳皮筋，英文字母跳房子…… 5.自编班级操

表2-3 珠光路小学各年级校园·项目劳动课程——校园主题

校园·课程——校园主题（一至六年级）				
美化校园我负责	校园绿化我守护	文明用语我会说	特色节日我创造	校园农耕我参与
1.创设校园劳动岗位。2.创新校园包干劳动制度。3.学会一项劳动技能，劳动技能大比拼，评比劳动小模范……	1.校园植物我介绍。2.设置校园绿化养护区域。3.创新校园绿化养护劳动制度。4.鼓励创新性养护方式的方案、设计的评比	1.文明用语我调查：最受欢迎的文明言行。2.文明用语我会说：宣传文明用语，画出来、贴出来、做起来；诵文明、演文明、唱文明……3.文明标兵我推荐：寻访榜样人物（历史上、生活中），体悟榜样精神（布置主题教室，开展主题班会）	1.完善一个已有校园节日：设计主题logo，推出主题形象，创作节日主题曲，优化节日流程……2.设计一个崭新校园节日：节日名称，设计主题logo，推出主题形象，创作节日主题曲，设计节日活动方案……	1.设计班级植物园的物种分布图。2.农耕故事我来说。3.最美耕地我来评（起名字，写介绍词，画下来，挂牌子）

3. 社园·项目劳动课程

社园·项目劳动课程依托社区资源、社会资源开发设计了十个不同的劳动主题，主题主要围绕"劳动创造美好生活、礼赞劳动创造、讴歌劳模精神"，让学生在主动劳动中认同劳动创造美好未来、感悟劳动精神、树立正确的劳动观念、主动弘扬劳动精神（见表2-4）。

表2-4 珠光路小学各年级社园·项目劳动课程教育活动主题和内容

项目	主题活动	活动内容
社园·项目劳动课程——社园主题（一至六年级）	美丽中国——中国服	1.中国服的种类，如旗袍、中山装等。2.中国服的历史（不同时期不同服饰；古代不同阶层不同服饰）。3.中国服中的元素所代表的寓意
	品味中国——中国茶	1.介绍中国茶的种类。2.中国茶的功效。3.中国茶与国外茶的对比。4.如何泡茶。5.中国喝茶时应注意的礼仪。6.中国茶的文化艺术

续 表

项目	主题活动	活动内容
社园·项目劳动课程——社园主题（一至六年级）	风华中国 ——中国韵	1.介绍中国乐器的来源、历史、名人、典故。 2.中国乐器的类型。 3.中国乐器的欣赏。 4.作品：学生制作一个乐器
	智慧中国 ——中国棋	1.中国棋的类型。 2.各种棋的起源、名人、发生过什么故事。 3.各种棋的玩法、战术。 4.棋礼仪
	艺术中国 ——中国字	1.介绍中国的文字（如书法、象形字、甲骨文等）。 2.书法的来源、类型、典故。 3.练习书法、练习表述。 4.作品：学生写一幅书法字
	技术中国 ——中国发明	1.介绍中国发明（如指南针、印刷术等）。 2.发明的背景、发明人、意义。 3.中国发明之最。 4.发明与时代需求的关系。 5.作品：学生制作指南针（需要一次性杯子、小磁铁、小钢钉、橡皮泥）、制作纸（将纸剪碎泡在水中，用毛巾过滤，将滤液倒入纸张模具中，风干）
	红色中国 ——中国馆	查一查：查找馆址，做好出行规划。 拍一拍：合影留念，记录参观时刻。 听一听：仔细聆听，留意展馆讲解。 聊一聊：虚心求教，搜寻红色记忆。 忆一忆：忆苦思甜，感受革命精神。 写一写：有感而发，写下参观感受
	科技中国 ——中国术	1.了解5G时代。 2.中国物流行业的发展。 3.广州地铁的发展、如何建立和里程数。 4.中国高铁的发展、如何建立和里程数。 5."嫦娥五号"带回土壤的过程、意义
	美丽中国 ——中国乡	1.中国武术之乡，如佛山： （1）武术种类。 （2）武术发展历史、代表人物。 （3）如咏春的发展历史、代表人物叶问。 （4）佛山的武术大师：黄飞鸿、李小龙、叶问。

项目	主题活动	活动内容
社园·项目劳动课程——社园主题（一至六年级）	美丽中国——中国乡	2.中国舞狮、舞龙： （1）中国舞狮、舞龙比较出名的地方/发源地。 （2）发展历史。 （3）舞狮、舞龙需要掌握的技术。 3.世界美食之都——顺德： （1）顺德的美食。 （2）顺德文化
	实力中国——中国港	1.港珠澳大桥的建立（时间、地点）。 2.港珠澳大桥的基本情况（几项世界之最、独特之处）。 3.建立港珠澳大桥需克服的困难

项目式劳动课程的实施对于提升学生的劳动素养、丰富学生的生活认知有着重要的引导作用。同时，促使劳动教育与其他学科融合，并且使劳动教育与传统文化共融共生形成了以农事体验、手工技艺、生活智慧和社会服务为主要课程内容，促进学生自我成长、提升小组互助能力、增强学生对传统文化的认识和自信心。

三、实施效果

（一）正确的劳动教学观念的树立

"三园"项目式劳动教育校本课程的开展使教师更新了教学观念，树立了正确的劳动教学观念，在思想上重视劳动教育校本课程的开展，同时强化了学校劳动教育课程的教师队伍建设。学生在项目式劳动课程中主动探究，从根本上解决学生不爱劳动、轻视劳动成果的错误观念。学生形成正确劳动的认知，摒弃错误的劳动价值观，使得他们从情感上热爱劳动、从认知上追求劳动知识、从行为上进行劳动和创造劳动。

（二）劳动教育校本化课程保障机制的完善

将项目式劳动课程纳入学校课程计划，保障每周劳动教育校本课程的时间，并且逐步完成了劳动教育的评价系统和案例整理。项目式劳动课程开展，加强了教师对学生劳动的持续性和阶段性的评价研究。此外，学校还会根据教师的教学资源征集对教师评价，各班教师根据学生的成果和表现进行评价，如选出最美创意奖、劳动小先锋等；教师根据学生具体表现设置不同的奖章，如打扫章、好学章等，完善课程保障机制和精准的评价系统帮助我校劳动教育校本课程顺利开展。

（三）三方合力促成时代新人的培养

劳动教育的开展离不开家、校、社的合力作用，"三园"项目式劳动课程充分发挥了家、校、社三方联动效应，体现了"学校主导、家庭参与、社会支持"三位一体的作用。

1. 发挥学校主导作用

以"三园"项目式劳动课程为劳动教育培养载体，学生在班级、校园中学会劳动，充分发挥学校的劳动教育的主导作用，落实我校"自爱、自信、自理、自律"的校训和"以劳促全，全面发展"的劳动育人目标，培养"学会学习，学会生活"的新时代珠光"四自"好少年。

劳动教育作为教育体系的一部分，学校作为劳动教育的主导力量，学校落实劳动教育校本课程的开展，保证劳动教育课每周不少于1课时。根据学生的实际情况和校本情况，基于"三园"项目式劳动课程，不断丰富教育内容、拓展教育形式，培养学生树立正确的劳动价值观。

2. 建设"珠光"好家风

以家园·课程拓宽传统的劳动实践场，在家中学生将在学校学习的劳动技能付诸行动，通过家务劳动提升了自己的生活劳动技能；通过种植、烹饪、养殖等劳动促进了生产劳动技能的提升；通过变废为宝促进学生的"智慧"劳动，培养学生的劳动技能的同时养成了正确的劳动价值观。因此，学生表现出家里事情抢着做，家长在指导中拉近了亲子之间的距离，提升了劳动的效能感和幸福感，家里呈现出"热爱劳动，与人为善"的劳动家风。

劳动教育是学生必须经过亲身体验才能在意识和能力上有所发展的过程性教育，如果只靠学校一节课的教学，完全无法体现劳动教育的综合育人价值，对于小学生而言，除了在学校的学习时间，其他大多数时间都在家生活和学习，因此家庭在劳动教育体系中是不可或缺的板块。"三园"项目式劳动课程类型包括日常生活劳动、生产劳动和服务性劳动，其中家务劳动是劳动教育最直接、最常见的日常生活劳动，也是最容易培养学生热爱劳动观念的劳动教育内容。在家庭教育中落实劳动教育，不仅能促进亲子关系，对营造和谐美好的生活氛围也有很大的帮助，还能让学生更多、更快地掌握劳动技能，培养劳动观念。当家庭与学校形成教育合力，更能促进学生劳动教育价值观的形成。

3. 形成爱劳动社会

俗话说，"家是最小国"。由于"热爱劳动，与人为善"的劳动家风的呈现，社会将会呈现出"爱劳动"的新潮流，从而落实2021年习近平总书记提出的"劳动创造幸福，实干成就伟业"的要求。

学校是推进个体社会化发展的重要基地，学校教育的目的是引导学生成为满足社会需要的社会人，而劳动教育是将理论与实践结合、两者共同驱动的催化剂与推进器。因此，社会各界主动参与劳动教育，支持劳动教育的开展，学生才能更快地融入社会大家庭，在与社会的密切接触中提升劳动素养。在劳动教育中有服务性劳动，如到社区参加各种志愿活动，这种服务性劳动需要得到社会的支持，让学生从活动中感受劳动的魅力和快乐，树立劳动最美好、劳动最光荣等劳动观念。

综上所述，我校以新课标为指导，通过分析并结合我校的实际情况和学生情况，积极完善校本课程保障机制，联合三方力量，创设了具有个性化、贴合学生实际的"三园"项目式劳动课程，以此为劳动教育的实施导航，通过多元化、多维度的劳动课程培养学生的劳动核心素养——劳动观念、劳动能力、劳动习惯和品质、劳动精神，在项目式劳动教育的新视角下继续深化打造具有"珠光"特色的劳动教育，为社会发展持续育"新才"。

参考文献

［1］刘琨.基于项目式学习（PBL）模式促进小学劳动教育的策略［J］. 师道（人文），2020（12）：53-54.

［2］王志宏，秦兴兰.项目式劳动教育课程的探索与实践［J］.中国德育，2021（3）：62-65.

［3］黄维梅.小学劳动教育工作开展路径研究［J］.智力，2021（18）：36-37.

［4］张蕊.小学劳动教育校本课程开发的实践研究［J］.江苏教育，2019（23）：50-52.

［5］于和建.构建家校社共育链条，合力落实劳动教育［J］.家长（上旬刊），2021（1）：103-104.

构建服务型劳动场域 培育新一代"小红人"

——"三园·四维·五径"项目式劳动课程下的红色研学案例

林朝霞 黄志文 陈康英

一、劳动案例背景

广州市越秀区珠光路小学位于珠江河畔、红色革命纪念馆林立的珠光路40号，它创建于1946年，是一所红色教育历史悠久的公办学校。学校的教育理念是"人贵自立，全面发展"。为了让学生养成"自爱、自信、自理、自律"的好习惯，展现"崇德明礼，博学健美"的校风，学校始终坚持以德为先、能力为重、全面发展的价值取向，致力于培育珠光"小红人"。

学校善用周边的红色资源——珠光街红色社区（内有全国第一个中国共青团纪念广场——团一大广场；社区中共有红色爱国教育基地纪念馆近10处），为珠光路小学的学生创建服务型劳动基地，打造红色立体研学路线。我们的共建单位有四个，分别是：珠光街道辖区的两所红色爱国主义基地旧址场馆（中共两广区委旧址和周恩来同志主持两广区委军委旧址），广州农讲所和广东民间工艺博物馆。旨在让学生通过完成服务型劳动实践，锻炼身心，磨炼意志，树立为人民服务的观念，提高劳动素养，培养刻苦耐劳的劳动精神。

二、劳动案例做法

（一）寓劳动于研学，发挥德智体美劳的育人价值

1. 创设红色劳动场域，发掘劳动精神的价值

学校是一个"培养人"的地方。为提高学生的核心素养，培养有理想、有本领、有担当的接班人，我们全力培养五育并举的珠光学子。在明确劳动课程目标、学段目标、项目目标后，结合学校的基本校情，我们制定了创设红色劳动场域，提供红色研学志愿服务的项目目标。

学校成立广州市越秀区珠光路小学红色宣讲团，构建劳动教育校园文化"三个一"体系：一个红色劳动教育宣讲团、多个校外劳动教育实践基地、一场革命党史故事展演（每周一次）。

让学生在教师的指导下，家长的帮助下，走进红色纪念馆，通过自己的学习为参观者提供专业的讲解服务。在服务型劳动的过程中，学会观察与分析人们的需要，运用已习得的服务性劳动技能主动为他人提供志愿服务，树立服务意识，提高服务质量，体会服务意义，养成不怕苦、不怕累的服务担当，形成社会责任感。

2. 立体化的红色研学劳动项目，激发学生参与志愿服务的兴趣

根据不同学段的目标和年龄标准，红色宣讲团的志愿服务性劳动分为不同阶段，阶梯式地为学生提供不同的志愿服务劳动项目（见表2-5）。

表2-5　志愿服务劳动项目

劳动内容	年级组	任务群
服务性劳动	一、二年级	完成一场革命党史故事展演（每学期一次）
	三年级	1.完成一场革命党史故事展演。（每学期一次） 2.参加一次红色宣讲员系列培训（每学期一次）
	四、五、六年级	1.完成一场革命党史故事展演。（每学期一次） 2.参加一次红色宣讲员系列培训。（每学期一次） 3.完成红色宣讲志愿服务性劳动。 4.设计红色文创

整体任务群的难度从简单到复杂，要符合学生的认知，激励学生合作探究，共同完成红色宣讲的志愿服务性劳动。使学生初步形成国家主人翁意识，以弘扬红色革命精神为己任，再进行个人劳动素养的发展，引导学生萌发关心社会的意愿，形成热心公益、主动服务的意识。

3. 提供劳动场域路线，形成特有的红色研学模式

根据劳动项目中任务的不同，学生的劳动场域也会不同。

在校内，创建校内服务型劳动基地——学校的舞台。要求每个班级每个学期在舞台上进行一次革命党史故事的展演。至今开展了三期学党史的国旗下讲话展演，主题分别为"童心齐向党，珠光情正浓""红领巾学党史""红色精神代代传"。

在校外，我们与兄弟学校合作，在广州市越秀区珠光街辖区内的全国重点文物单位——广东区委旧址纪念馆创建校外服务型劳动基地，进行志愿讲解服务，努力打造家门口的红色小讲堂。

4. 示范引领，培育"小红人"

（1）劳动实践学习。

我们定期组织珠光学子到广州农讲所纪念馆开展红色文化学习。学习内容包括参观基地了解历史，听红色专题课，制作红色手工作品、非遗手工作品等，以创新的学习方式增强学生的学习互动性。

（2）劳动实践培训。

广东区委旧址纪念馆的小宣讲员分别参加了培训，并通过维持三周的上岗前过关测试，才可以正式上岗。每逢周末，小宣讲员们都会进行红色宣讲活动，至今已经有3批宣讲队员，从一开始的20人发展到现在的40人，累积共100人次参加过红色史迹宣讲活动。

宣讲员们还参与广州农讲所新时代红色教育讲堂的红色宣讲员培训活动，至今已经参与了3期活动，培养出3批金牌红色小宣讲员。2021年4月，已经有4处红色研学实践基地与珠光路小学进行结对共建，分别是毛泽东主办广州农民讲习所旧址、广东区委旧址、周恩来主持两广区委区军委旧址和广东民间工艺博物馆（陈家祠）。

通过一系列的学习与实践，促进学生学党史、树理想、勇担当，乐于为他人提供服务，提升服务他人的公共服务意识与社会责任感。

（二）夯实教研活动，保障项目式劳动课程有序开展

学校自成立广州市越秀区珠光路小学红色宣讲团以来，借助各方优势和作用，合力为每一位队员的健康成长提供更强的保障力量。我校注重加强劳动教育，凸显劳动育人功能，创新开展红色宣讲团系列培训，让其为队员们的成长"保驾护航"。以会代培，促进学校服务性劳动育人水平的提高，每周开展红色宣讲团小组会议，及时、有力、有效地为团队把脉、决策，发挥重要的核心作用；创新教师学习培训形式，组织教师开展各种有效的专题研修活动。教师在研修时，既是主讲人、分享者，还是聆听者、学习者。教师的分享发言注重挖掘自身的工作亮点与个性，做到抓住典型事例，结合自身的学习与实践，围绕如何用儿童的语言讲党史的主题，有理论、有依据，有感而发。期间，黄志文老师成为广州市中小学幼儿园骨干班主任培养对象；梁毅老师、郑巍老师、林朝霞老师和曾笑梅老师完成了区中队辅导员线下培训课程；杨婉老师、郑娟慧老师、林朝霞老师在2020年居家防疫期间完成市辅导员线上培训课程。他们运用自己的专业素养，结合劳动教育的课程标准，辅导学生进行红色研学志愿活动，引领学生学党史、强信念、跟党走，为社区提供服务性劳动。

（三）坚持个性化评价体系，寻找"小红人"的闪光点

我校坚持统筹兼顾，针对不同主体、不同类型劳动教育特点，创新设计立体的项目评价体系。现列举以下几个项目。

1. 逐光好少年

这是一个个人项目，我校以传承红色基因为主线，从德、智、体、美、劳五个方面，设定六个章，其中包括四个基础章（寒假学党史打卡——向阳章、学雷锋月——奉献章、六月儿童节第一批入队期间——梦想章、劳动节——节约章），两个特色章（学期末智育成果——智慧章、六月美育节——才艺小达人章）。当学生集齐基础章和特色章，便可获得"珠光好少年"的称号，学校将给予其一份证书和一条绶带。

2. 争光好少年

这是一个集体项目，以小队或中队为单位进行红色研学活动。学生主动组成小队到附近的红色场馆学习红色知识，主动分享学习成果，积极宣传中国优秀传统文化和中国共产党的光辉历史。做到全员参与，积极参与，便可荣获二星章。获得二星章的中队，队员们才有条件获得"争光好少年"称号，学校将给予其一份证书和一条绶带。

3. 闪光好少年

这是一个校外红色研学项目，是学生争做社会志愿服务者的终极荣誉。学生积极参与学校少先队红色宣讲活动，表现优异，便可获得"闪光好少年"称号，学校将给予其一份证书和一条绶带。

三、劳动案例教育成果

近两年来，我校实施"珠光好少年"劳动育人评价体系，珠光学子备受激励，更加勤学乐思，争取德智体美劳全面发展。

（一）丰富的文创作品

每年暑假，学校大队部都开展"21天红色阅读小达人"、红色vlog视频，在红色纪念馆文创产品、书签、明信片、T恤衫、枕头、棋类游戏、桌游、纪念章、立体手工书等纪念品设计活动中，学生亲自设计、打稿、绘画。学生也分别制作了精美的通草画，内容都是红色革命基地的标志建筑，在绘画的过程中，学生也进一步了解到广州的红色史迹，得知广州是革命的摇篮。

在庆祝中国共产党成立100周年时，学校组织学生手绘花灯，参加越秀公园特别策划活动——"少年中国梦 百年党史魂"。学生把爱党、爱国的情怀都画在了五羊外形的灯笼上，不仅是对亲爱的党和国家的一种祝福，还展现了祖国在中国共产党的领导下飞速发展、繁荣昌盛的一片欢腾景象。学科融合，推进党史学习教育与美术学科教学、劳动教育融合渗透，引导广大学生创作红色美术作品，有效提升了劳动教育的生动性和实效性，用沉浸式的体验，增强学生崇尚劳动、热爱劳动的观念。

2021年第二学期，全校师生积极响应号召，为学校设计吉祥物。经过一番激烈的竞争，终于诞生了"逐光哥哥"和"宝珠妹妹"。学生还利用吉祥物设计了一系列文创产品，如笔袋、环保袋、文件袋等。大家都为拥有学校的吉祥物而感到自豪。再次证明，在"三园"项目式劳动课程下开展的研学活动能唤醒学生的劳动欲望，点燃劳动激情，让劳动精神和红色精神成为他们的精神财富。

假期，学生围绕广州市团一大广场的红色史迹，一起手绘东园红色文化路线图（见图2-2）。立体的地标串联起一个又一个红色研学场域，激活研学活动的路线，让珠光小先锋们更加深入地了解中国共产党的光荣历史，进一步坚定了他们奋发图强、努力学习、报效祖国的理想信念。

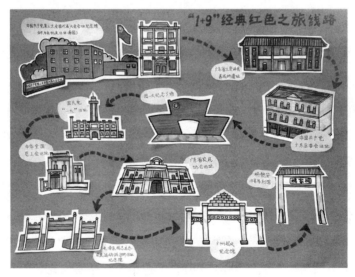

图2-2　"1+9"经典红色之旅线路图

（二）出众的红色宣讲团

我校积极组织教师和学生加入珠光街红色史迹宣讲团，真正把红色资源利用好，把红色传统发扬好，把红色基因传承好。我校梁毅老师是珠光街道宣讲团成员之一，她代表我校参加区教育局红色故事宣讲评比活动——"百年党史照初心　崇德力行育新人"获得优秀奖。我校四（1）中队的詹同学在参加珠光街"学好百年党史，弘扬红色文化"庆祝建党100周年系列活动暨红色课堂首届红色故事会的宣讲比赛活动中荣获了网络人气奖及现场宣讲二等奖。

其他学生凭借崇尚劳动、热爱劳动、辛勤劳动、诚实劳动的精神，在劳动教育与红色教育融合下，也获得不少奖项，硕果累累。学校的8个中队被评为越秀区红领巾红色研学小书虫阅读活动"动感中队"，2个"优秀动感中队"；在红色研学vlog拍摄作品评比活动中，我校二（2）中队"红色研学小队"荣获区"十大最红人气奖"；红色研学立体手工书评比中，四（2）中队"快乐星小队"荣获区一等奖、六（2）中队"追梦者小队"和六（1）中队"红星小队"荣获区三等奖；在第六届越秀区少先队主题徽章设计大赛中均有荣获二、三等奖作品共3份；在第五届寻找"最美南粤少年"优秀少先队员系列评选活动中，五（2）中队木栩队员获得越秀区优秀少先队员称号，五（2）中队张芷媛队员获得越秀区"才艺好少年"称号，六（1）中队家铭队员获得越秀区优秀少先队员称号；2020年"金钥匙万人读书活动"第七届粤语讲古评比活动中五（2）中队洁莹队员荣获三等奖。还有4位队员的征文作品被"学习强国"刊登，分别是四（1）中队浩霖、五（1）中队芳棣、六（2）中队木栩、六（3）中队伽乐。

我校从上至下推行劳动教育，为校园吹来一阵又一阵的春风，赢得一份又一份的荣誉，并取得骄人的办学成果：广东省劳动教育示范基地、广州市劳动教育特色成果奖、广州市红色教育示范学校、越秀区优秀红旗大队等。

通过社区红色劳动场域的志愿服务，珠光"小红人"在志愿劳动中深深感受到革命先辈"志存高远、拼搏奉献"的革命精神和自身的使命及责任，立志以弘扬红色革命精神为己任，树立为人民服务的观念，培养刻苦耐劳的劳动精神。

我自愿成为一名光荣的红色宣讲员，致力于传承红色精神。我们都是祖国的花朵，民族的未来。少年强则国强，我要努力学习，成为社会主义的接班人，为建设祖国增光添彩！

——研学小队成员沅泽

我要好好学习，从小学先锋，长大做先锋。像先辈一样坚定信念，永远跟党走。长大后我会积极加入中国共青团、中国共产党。将来我要为祖国做贡献，让我们伟大的祖国变得更强！

——研学小队成员桦鑫

参观团一大纪念馆，我们仿佛沿着革命先辈的足迹，走进那热血的年代。我们在百年团史中学习到：坚守理想和信念是一件很艰难的事情。在此过程中，必定会遇到许多挫折，但是革命先辈并未就此放弃，我们要学习他们的这种精神，作为一名少先队员，更应该在这新时代，勇于担当，砥砺前行！

——研学小队成员梓杰

四、劳动案例反思

在"三园"项目式劳动课程下开展的红色研学课程研究，体现了新时代劳动教育课程的创新，以劳树德、以劳增智、以劳强体、以劳育美、以劳创新，让学生通过活动得到不同方面的发展。

通过成立红色宣讲团，利用学校附近的红色基地资源，为构建劳动教育校园文化"三个一"体系提供了有力的保障，提高了课程的可行性。学生通过参与红色宣讲活动，都能感受到要以弘扬红色精神为己任，增强服务意识，树立社会主义接班人的信念。

我校将继续努力营造良好的教育环境，培养能够担当民族复兴大任的时代新人，培养德智体美劳全面发展的社会主义建设者和接班人，为实现中华民族伟大复兴的中国梦继续不忘初心，砥砺前行。

"美润珠光"二十四节气劳动育人特色案例项目探索

郑 巍

一、课程价值

（一）课程实施的背景及意义

2022年4月，教育部印发义务教育课程方案和劳动等16个课程标准。新修订的《义务教育劳动课程标准（2022年版）》将社会主义先进文化、革命文化、中华优秀传统文化、国家安全、生命安全与健康等重大主题教育有机融入课程，增强了课程的思想性。从本次发布的课程标准来看，清洁收纳、烹饪营养、农业生产劳动与传统工艺制作四个大类贯穿整个九年级义务教育体系，进一步提升学生的动手能力与自理能力，同时对于传统文化传承与农业发展予以了课程的倾斜。

习近平总书记强调，"要加强对中华优秀传统文化的挖掘和阐发，使中华民族最基本的文化基因与当代文化相适应、与现代社会相协调""让收藏在禁宫里的文物、陈列在广阔大地上的遗产、书写在古籍里的文字都活起来"。党的十八大以来，习近平总书记高度重视传承弘扬中华优秀传统文化，发表一系列重要论述、做出一系列重要指示批示，为传承弘扬中华优秀传统文化引航指路。

（二）课程设计的核心价值

二十四节气是中华文明和中国人智慧的集中体现，它在中国传统文化中具有十分重要的价值。经国家批准，自2018年起，将每年农历秋分设立为"中国农民丰收节"，彰显了节气的当代价值。

在北京冬奥会开幕式倒计时中，二十四节气倒计时与古诗词、古谚语融为一体，将神州大地的锦绣山河与冰雪健儿的飒爽英姿次第呈现，将"中国式浪漫"传递给全世界。这样别出心裁的倒计时设计，不仅巧妙地呼应了2022年是第二十四届冬奥会，更是把中国传统文化和现代美学完美地结合起来，展现中华文化的源远流长。

1. 二十四节气中蕴含着深厚的文化内涵

二十四节气是古人留给我们的宝贵遗产，是中国传统文化的精髓。作为中国人特有的时间和知识体系，二十四节气不仅深刻影响着人们的思维方式和行为习惯，而且鲜明地展现出人与自然和谐相处的生活氛围。

2. 二十四节气中承载着中华民族的文化认同

二十四节气的意义并不仅仅限于对于农业生产的指导意义，它还彰显出人类应该遵循客观规律，亲近自然、保护自然的积极生活态度，其所蕴含的文化价值是中华文明生生不息、薪火相传的文化基因。

3. 二十四节气中彰显出中国传统文化的博大精深

二十四节气成功入选人类非物质文化遗产代表作名录，不仅表明联合国教科文组织对这一遗产项目的充分认可，更重要的是它向世界充分展示出中华传统文化的博大精深及无穷魅力。

（三）校本课程应运而生

随着传统文化在学校教育教学活动中的不断渗透，小学生逐渐对传统文化有了研究兴趣和简单的了解。为了落实中共中央、国务院《关于全面加强新时代大中小学劳动教育的意见》的精神，弘扬劳动精神，教育引导学生崇尚劳动、尊重劳动，懂得劳动最光荣、劳动最崇高、劳动最伟大、劳动最美丽的道理，提升劳动素养，我校从2021学年开始，以"美润珠光"为主题，将二十四节气传统文化与劳动教育相结合，在每个节气都拟订了相关的节气方案，撰写倡议书，指引学生积极参与进来。通过开发二十四节气劳动课程项目，创新性地开展劳动教育、艺术教育及融合课程教学实践，引导学生感受优秀传统文化的魅力，增强文化自信，促进学生德、智、体、美、劳全面发展。

二、课程内容

二十四节气体现的是一种深沉、浓厚的文化自信。"从此阳春应有脚，百花富贵草精神。"在中国人的日常生活中，二十四节气已经成为时间体系，它以自然时序提示着、服务着我们的生活，带来传统文化的温暖、温馨与智慧，具有严谨的科学品质、深邃的文化内涵、悠久的历史积淀。二十四节气在长期的生产生活过程中形成了许多民俗，成了中华民族传统文化的一个重要组成部分。

（一）节气寻根——文化自信之源

二十四节气是中国古代农业文明的具体体现，具有很高的农业历史文化研究价值。在当今文化兴国的宏观纲领下，围绕此类题材的延伸开发，无疑对中国传统文化的弘扬有着积极意义。我校通过开发二十四节气劳动课程项目，借助二十四节气这把钥匙，帮助学生解开中华优秀传统文化的密码，引导学生感受中国优秀传统文化的魅力，增强文化自信，培养爱国情怀。

（二）学科融合——劳动智慧之径

二十四节气成为一种民族的文化时间，它是我们把握生物生长时间、观测动物活动规律、认识人的生命节律的一种文化技术。孩子通过"诵"节气，习得劳动知识，如关于二十四节气的古诗积累。通过"食"节气，探寻节气的美食秘密，如清明品茶、吃青团，立秋吃瓜等。二十四节气与科学科目融合，通过查阅资料，在小雪节气探秘动植物过冬的妙招、探秘雪花形成的原因；在霜降节气动手制作霜，验证霜是如何形成的……这一系列劳动内容的开展，潜移默化地影响孩子们的日常生活和精神生活，在此过程中，孩子们增长了智慧、学识。

（三）节气民俗——强体健身之路

在二十四节气的系列劳动内容中，融合了不少让孩子强身健体的内容，如春分节气放风筝，清明节气踏青，大暑游泳，寒露登高，立冬节气进行冬季户外"斗鸡"游戏等，这些深受孩子们喜欢的劳动内容的开展，促使劳动学科与体育学科融合，在了解、体验二十四节气特色的同时，增强了孩子们的体魄，让孩子们爱上运动，提升运动技能。

（四）内涵探究——美好生活之趣

在清明节，让孩子跟随爸爸妈妈一起去踏青、郊游，让他们把美丽的春色绘在画纸上，有兴趣的孩子还可以为自己的画配上一两句古诗或解说词。立秋节气，孩子们用落叶制作一幅秋景图。还有精巧的折纸、斑斓的泥塑、精美的剪贴画等，孩子们在享受色彩斑斓的自然生活的同时，拓展了精神生活的广度和深度，提升了审美情趣、生活情趣和幸福感。

（五）激发创新——培育栋梁之材

世界上的发明创造都源于劳动。通过"创"节气的相关劳动内容，提升了孩子的创新能力，如冬至包饺子，不少孩子创造出造型各异的花式饺子；用剪纸方式制作雪花，孩子们创新出各种做法。孩子们在进行艺术创作时，也是在发展创新思维能力，每一幅作品都是独一无二的，培养孩子的创新能力。二十四节气劳动项目的开展，给孩子提供了创新的平台，让孩子能走得更高、更远！

三、实施途径

学校通过"五径"的劳动课程理念丰富劳动教育内容搭建了"五育"融合的桥梁，以"三园"为劳动的主阵地，促进学生"四维"劳动素养的提升，形成具有我校特色、学生个性化的劳动教育实施模式。

二十四节气是中华民族优秀传统文化，我校以节气的自然本质与学生率真的生活为契合点，依托学校、家庭等环境，挖掘多种资源，围绕每个节气主题开展，融入学生的学校学习生活之中，把二十四节气具体化、生活化、本土化。

（一）强化顶层设计，高效落实教师全员培训

为了深入贯彻落实《关于全面加强新时代大中小学劳动教育的意见》等文件精神，学校立足校情，顺应学生发展需求，构建出一整套适合每一个学生全面而有个性成长的劳动课程。学校成立了以校长为组长，教学主任、劳动科长、课程研发中心为组员的劳动教育领导小组，整体架构劳动教育体系，细化不同学段的劳动教育内容和实施路径。每周对劳动特色小组进行培训。除了传统的专家网课指导、学习理论等方式外，我们还运用多样化、现代化的培训方式。如党支部书记、校长不定期、不定时利用线上通信工具对劳动特色小组老师进行培训。

点：每月对劳动特色小组开展定期培训，由陈康英校长主持。

线：特色小组人员扩大培训，参与人员还包括德育小组、级长。

圈：班主任培训，确保劳动教育的全面铺开和指导方向。

面：全校培训，以保障全面覆盖。

课前仔细研读，撰写校本化课程和普及化课程。

（二）科学设计课程评价，有效实施劳动教育

为了验证实施效果，客观评价学生的劳动成效，我们采用家长、学生、教师等多主体的评价方式，设计问卷星调查问卷、开展争章活动、劳动打卡等形式，对学生的劳动技能和劳动素养等方面的收获与成效进行客观评价。详见后面"特色成效"介绍。

1. 集体教学活动

作为一个课程体系，集体教学活动是必不可少的。每周的综合实践课程上教师向学生介绍二十四节气的特征和民俗习惯，以及教师的自主探究和自然观察的经验，帮助学生形成对二十四节气的总体感知和了解，产生探究劳动的意向。

2. 自主创作活动

在二十四节气相关的活动中，我们主要采用在综合实践课堂上通过提供与节气相关的自然材料，引导学生发挥想象和创意，畅所欲言，讲述自己课后要开展的自主劳动创作。如春分时节，教师提供艾叶、春菜、风筝等物件，让学生观察、畅谈春分时节我们可以进行什么样的自主劳动创造活动。处暑，农作物丰收提供各种各样的种子让学生进行种子贴画创作；寒露时节，教师和学生、家长和孩子一起收集落叶创作树叶画等跟随节气进行自主创作活动，并在与自然材料的互动过程中感受自然的魅力。

（三）拓展课后延伸渠道，提升学生劳动素养

1. 农耕体验活动

组织学生应时体验与节气对应的农耕活动，包括种植、管理、收获等。让学生在七楼天台花园直接观察植物生长的全过程，感受植物与泥土、空气、水分的关系，并与同伴协作、分享。

2. 自主探究活动

学生在了解二十四节气的过程中，根据《二十四节气倡议书》的提示，自然生成了很多他们感兴趣的劳动探究活动。

3. 自然观察活动

主要是组织和引导学生进行与二十四节气相关的自然现象、物候现象的观察和探究。活动具有明显的季节性和地域性。以广州的气候特征和自然现象为依据，学生开展了许多相关的户外观察活动，比如，惊蛰节气观察草木在春雨的滋润下催生发芽，从而探寻朝气蓬勃的春天在古往今来文人的笔下别有一番意境之美，追寻古人足迹，在惊蛰相关的诗词里遇见春天之美，一同感受"一声惊雷万物春"等。学生在户外自然观察活动中近距离接触大自然、触摸大自然的脉搏，感受节气特征和四季变迁。

二十四节气课程具有整合性，在课程的实施中，目标的设置上，使劳动在情感、态度、学习品质、能力、认知等方面得到完美和谐的发展。在课程的实施过程中，将各种手段、方式有机结合、互相联系，通过生活、实践实现课题的整合，体现了传承和弘扬优秀文化。

四、特色成效

（一）形成五育并举、融合育人的劳动特色

以创新为驱动力，融合科学、美术、心理、语文、体育等不同学科及美食、天文等不同领域知识，设计二十四节气思维导图，充分运用左右脑的机能，利用记忆、阅读、思维的规律，协助学生在科学与艺术、逻辑与想象之间平衡发展，从而开启大脑的无限潜能，激发学生的创造意识，展示并分享智慧劳动成果。让劳动教育有普众化的温度，蕴含价值召唤；让劳动教育有生活化的广度，彰显良好品质；让劳动教育有融合化的深度，传承幸福基因。劳动教育是全面发展教育体系的重要组成部分，补齐劳动教育短板，坚持五育并举，走向五育融合是教育改革的目标。在劳动资源开发中，我们立足于学生的发展，从学生的生活实际、兴趣需要出发，寻找教育契机，融合德智体美教育，让学生在劳动教育活动课程中培养正确的劳动价值观和良好的劳动品质的同时，也能达到树德、增智、强体、育美、创新促全的目标。

（二）跨学科资源整合，促学生全面发展

教师引导学生在节气活动中深入了解节气文化，重视过程性资料的收集，以手抄报、电子小报、照片、视频等不同形式，呈现劳动实践过程和成果。学生既感知了古代劳动人民智慧的伟大，又在亲身体验和实际操作中淬炼了技能，有利于学生形成正确良好的劳动价值观。

例如，在开展霜降节气这一实践活动中，我们首先通过课件和视频激起孩子们的学习兴趣，初步了解霜降节气的气候特点、名称由来和各地习俗，再利用倡议书呼吁学生和家长积极参与实践活动，在低、中、高年段分别开展了"童画绘秋光""诗韵解秋意""实践探秋霜"的体验活动，与美术、语文、科学等学科有机融合，让孩子们在搜索资料、阅读书籍、动手实验的探究活动中，更深刻地领略传统文化的魅力和精髓。

又如，在春分来临之际，我们首先抓住南方的气候特点，确定"莺飞

草长，万物可期"的活动主题，引导学生了解春分的由来，体验春分的民俗，将春分节气的认知延伸到实践活动中。让学生清晰地感受物候变化，在大自然中领会理解农耕及节气，体验生活乐趣，融入自然世界，提高学生学习传统文化的主动性和积极性。采用多学科融合的方式，通过不同感官，体会春分节气特点，增强劳动观念，培养创造意识。针对不同年级学生的年龄特点，分别设计"竖蛋""绘蛋""做春菜美食""踏青放风筝"等实践活动，沉浸式体验节气的习俗，在体验和感知春分节气大自然变化的过程中，提高学生学习传统文化的主动性和积极性，在劳动实践活动中探索节气背后的文化内涵，传承和弘扬节气文化。

以霜降节气作品为例，如图2-3至图2-5所示。

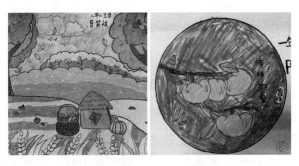

图2-3　低年级：童画绘秋光

图2-4　中年级：诗韵解秋意

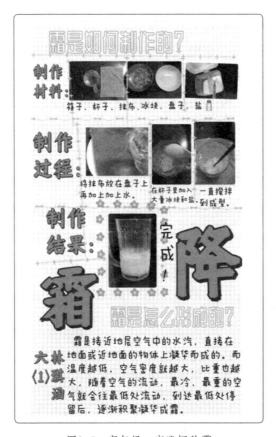

图2-5 高年级：实践探秋霜

（三）构建多阶段、多主体、多维度的评价体系

劳动教育评价对新时期学生树立正确的劳动观具有价值导向作用。评价内容紧扣劳动教育课程要求，明确不同学段、不同年级劳动教育的目标，客观准确地反映学生在真实情境下的劳动表现，从品质、观念、能力、习惯、劳动成果等方面进行过程性评价，覆盖各类型劳动教育活动，将劳动素养纳入学生综合素质评价体系，作为衡量学生全面发展的重要内容。

1. 注重过程性评价

通过自评、同伴评、家长评、教师评等多个主体评价的方式，多角度、客观性地评价学生们的劳动过程和成果。同时，以学生喜闻乐见的争章方式，激励其以积极主动的态度参与劳动实践活动，努力提升劳动技能，正确、安全地使用劳动工具，养成良好的劳动习惯，形成正确的劳动价值观，以劳动为荣，在劳动中不断创新，在动脑动手的过程中，训练学生的观察能力、动手能力和思维能力等，以劳树德、以劳增智、以劳强体、以劳育美、以劳创新，最终达到以劳促全的育人目标（见表2-6）。

表2-6 珠光路小学劳动评价体系

评价形式	项目	具体要求
节气争章活动	劳动小能手章	1.能完成劳动任务单的要求。 2.劳动过程中态度认真，能安全地使用劳动工具
	传承小匠人章	1.能独立完成劳动任务单的要求。 2.劳动过程中态度认真、积极。 3.能正确、安全地使用劳动工具。 4.能持之以恒按时完成每次劳动实践活动
	创新小先锋章	1.能独立完成劳动任务单的要求。 2.劳动过程中态度认真、积极。 3.能熟练、安全地使用劳动工具。 4.能持之以恒按时完成每次劳动实践活动。 5.在劳动实践中有突破创新
节气成果展示	展示劳动打卡	坚持打卡，完成规定的时间和相关劳动项目，获得家长的良好评价
	任务单展示	按照学校制定的任务单或自制任务单，完成相关任务，成效明显成果展示
	劳动微视频	按照要求拍摄劳动过程和成果的微视频，画面清晰，达成度高

2. 将劳动素养纳入评价体系

引导学生积极参与实践活动，在体验中将了解到的节气知识和习俗内化，通过营造学校和家庭的良好劳动环境，鼓励学生主动思考，培养学生的创新意识，有创造性地继承和弘扬二十四节气传统文化，从而在直接感知的基础上熟练运用习得的劳动技能，促使学生养成良好的劳动习惯。让学生在劳动实践中开蒙、赋能、导行、生长，培养劳动意识，增强劳动情感，树立正确的劳动价值观。

附1：调查问卷

珠光路小学劳动教育情况调查问卷（学生版）

★1. 你就读的年级是（　　　）

一年级

二年级

三年级

四年级

五年级

六年级

★2. 你喜欢哪种类型的劳动作业？（　　　）【多选题】

写写画画

手工

烹饪

社会公益劳动

种植

清洁整理

其他

★3. 你觉得自己提升了哪些方面的能力？（　　　）【多选题】

烹饪，如做简单的饭菜、煮面条、洗菜、切菜

手工创意，如编织、剪纸、创意小制作

种植养护，如照顾小动物或植物

清洁，如扫地、拖地、擦桌子、洗衣服

整理，如收拾房间、整理书架、床铺、玩具、叠衣服

修理，如修理玩具、闹钟等小物件

采购，如日常买菜、买日用品

没参与劳动，能力没有提升

*4. 你完成劳动实践活动的方式是（　　　　）

基本能独立完成

经常需要家长的协助

几乎全部由家长代办

*5. 你是否有坚持劳动？（　　　　）

几乎每天都坚持做家务劳动

在父母要求做的时候才做

每周偶尔做一两次

从来不做

*6. 你通常在什么情况下会去劳动？（　　　）

父母或老师要求

自己主动做

当做家务可以得到某种回报时

*7. 看到路上的志愿者，你的态度是（　　　）

没什么感觉

感觉特别光荣，自己也想尝试

感觉有些丢人，不想熟人看到自己

*8. 你觉得自己在参加劳动过程中有什么收获？（　　　）【多选题】

增长了很多知识

提高了动手能力、观察力、创造力

增强了环保意识

增强了服务他人的意识

养成了劳动习惯

懂得感恩身边的普通劳动者

学会珍惜他人的劳动成果

*9. 你喜欢劳动吗？（　　　）

非常喜欢

比较喜欢

一般

不太喜欢

非常不喜欢

★10. 参加劳动之后，看到自己的劳动成果，比如干净的教室、整齐的桌

椅、美味的饭菜后，感觉到（　　　　）

非常满足，很有成就感

一般，没什么感觉

不喜欢，干完就行了

珠光路小学劳动教育情况调查问卷（家长版）

★1. 您孩子的性别是（　　　　）

男

女

★2. 您孩子的年级是（　　　　）

一年级

二年级

三年级

四年级

五年级

六年级

★3. 您是否支持孩子做家务？（　　　　）

非常支持

不耽误学习就行

学生以学习为重，不支持

无所谓

★4. 您会帮忙代办孩子力所能及的事情吗？（　　　）

经常会

偶尔会

完全不会

视情况而定

★5. 您的孩子家庭劳动的频率是（　　　）

每天都会做家务

每周3到5次

每周1到2次

从不做家务

★6. 您觉得孩子做家务或参加劳动的意义在于（　　　）【多选题】

培养孩子正确的劳动价值观，促进孩子全面发展

形成劳动认知，培养劳动技能，养成劳动习惯，做到知行合一

减轻家庭劳动负担

体验社会生活

没有任何意义

★7. 您的孩子在家会做哪些家务劳动？（　　　）【多选题】

清洗自己的红领巾、内衣等小物件

扫地、拖地、倒垃圾

分碗筷、盛饭、洗碗

做简单的饭菜

整理自己的房间和物品

铺床、叠衣服

养护绿植，照顾宠物

其他

★8. 您的孩子对家务劳动的态度是（　　　）

十分乐意，自觉主动

可以做，但是不太主动

不太愿意，比较排斥

*9. 您认为目前您孩子的劳动能力如何？（　　）

很强

一般

基本劳动技能都不会

*10. 对于身边人的劳动成果，您的孩子会珍惜吗？（　　）

会

不会

提醒后会

11. 您对学校的劳动教育有什么建议？

____

____

附2：学生收获和教师感想（见图2–6）

学生参与二十四节气实践活动的收获

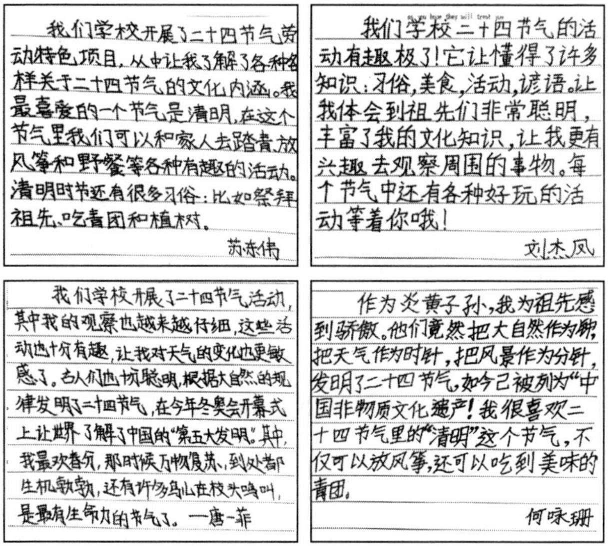

我们学校开展了二十四节气劳动特色项目，从中让我了解了各种各样关于二十四节气的文化内涵。我最喜爱的一个节气是清明，在这个节气里我们可以和家人去踏青、放风筝和野餐等各种有趣的活动。清明时节还有很多习俗：比如祭拜祖先、吃青团和植树。

苏亦伟

我们学校二十四节气的活动有趣极了！它让懂得了许多知识：习俗，美食，活动，谚语。让我体会到祖先们非常聪明，丰富了我的文化知识，让我更有兴趣去观察周围的事物。每个节气中还有各种好玩的活动等着你哦！

刘杰凤

我们学校开展了二十四节气活动，其中我的观察也越来越仔细，这些活动也十分有趣，让我对天气的变化也更敏感了。古人们也十分聪明，根据大自然的规律发明了二十四节气，在今年冬奥会开幕式上让世界了解了中国的“第五大发明”。其中，我最欢春分，那时候万物复苏，到处都生机勃勃，还有许多鸟儿在枝头鸣叫，是最有生命力的节气了。一唐一菲

作为炎黄子孙，我为祖先感到骄傲。他们竟然把大自然作为钟，把天气作为时针，把风景作为分针，发明了二十四节气，如今已被列为“中国非物质文化遗产”！我很喜欢二十四节气里的“清明”这个节气，不仅可以放风筝，还可以吃到美味的青团。

何咏珊

图2–6 学生感言

教师开展二十四节气实践活动的感言

卢小云老师：

二十四节气作为祖国传承几千年的瑰丽的文化遗产，在任何时候，它都有重要的文化价值，但是在城市化的进程中，它又容易被淡化，甚至遗忘。作为一名教育工作者，能够在上级领导的指引和学校的宏观构建下，在孩子们当中开展二十四节气劳动实践活动，我感到欣慰、光荣！在孩子们的劳动实践过程中，我惊讶于孩子们的动手能力、创造力。二十四节气劳动实践活动为孩子们提供了另外一个发挥和展示才能的舞台。如何将博大精深的二十四节气文化深入浅出地融合在课堂内外，直至融入孩子们的血液当中，成为他们生命的一部分，这将是我们教育工作者不断努力探求的目标，在这个过程中，我们教师也将一同成长！

郑巍老师：

古诗有云："兴在趣方逸。"在学校开展的二十四节气劳动实践活动中，我首先激发孩子们的学习兴趣，通过视频、书籍、手指操等方式，引导孩子们在二十四节气中品味经典、践行劳动。我会提前研读二十四节气的相关知识及其蕴含的文化价值，结合孩子们对于大自然的探究兴趣，从二十四节气下古代劳动人民的生活实践、民俗、诗词文化等入手，挖掘二十四节气的教育素材，借此激发学生参与课程学习的兴趣。

比如在惊蛰到来之际，首先跟孩子们明确"惊蛰将至，春鸣万里"的主题，开展宣传动员活动。利用互联网收集"惊蛰"的教育素材，在课程开始时播放课件来激发孩子们的学习兴趣，深入了解节气的传统习俗和文化内涵。在接下来的实践阶段，鼓励孩子们积极参与劳动实践活动，分享自己的劳动过程、成果和收获。从孩子们提交的作品来看，参与度非常广。在劳动视频和照片中，孩子们的脸上都洋溢着灿烂的笑容，正享受着劳动带来的满足，相信这样的活动可以让孩子们更加深刻地感受古代劳动人民的智慧，更好地促进孩子们传承中华传统文化！

附3：家长看到孩子们在劳动意识、劳动态度、劳动技能等方面的转变

小蒋家长：

首先从客观上，在学校的引导、社会氛围的感染和家长的带动下，孩子从不懂，到被动地懂，到有兴趣主动去了解、主动查阅资料了解每个节气的由来，然后亲自实践，多次实验，直到成功完成作品。这是孩子在二十四节气学习上的一个飞跃。比如上次的春分节气作业，老师要求完成作业，不限形式，可以画画、可以文档、可以视频等，但是我们孩子非常认真负责，亲自去拍照，以短视频这种更直观、更新颖的创作方式去完成展示，这种思维创新恰好适应现在社会进步发展，不因循守旧，对孩子来说是很好的创新尝试，也提升了孩子的技能。在各方的努力下，孩子的主观能动性也不断加强，孩子的劳动习惯也越来越好。这就是内因必定是在外因的影响下不断向前发展变化的。

小梁家长：

我非常赞同学校举办这种二十四节气劳动实践活动。这类活动很好地让孩子了解和熟悉中国传统节气文化的意义与内涵，使得孩子在劳动态度和劳动技能及劳动习惯方面有一定的提升，在劳动过程中能锻炼孩子的独立能力，提升创造力，对于其中比较感兴趣的事情还会不断重做，重做过程中不断创新。让孩子体会到劳动的快乐，并增进了亲子关系。

小潘家长：

孩子能态度积极、乐观、主动参与到劳动中去，因此掌握了很多的劳动技巧和方法，能够高效地完成劳动。在家里经常帮着我们做家务，养成了积极参与劳动的习惯。在劳动过程中能锻炼孩子的独立能力，提升创造力，对其中比较感兴趣的事情还会不断重做，重做过程中不断创新。

小黄家长：

珠光路小学开展的二十四节气劳动实践活动，有利于培养孩子的任务意识、责任感和义务感。劳动中孩子要进行安排和计划，同时培养了孩子的分析能力、判断能力、发展创造能力和动手能力。支持孩子积极参与学校的**劳**

动实践活动！

附4：二十四节气成果获奖情况

2022年1月15日，"忽如一夜春风来，千树万树梨花开——'二十四节气'之'大雪'劳动教育主题活动案例"荣获广州市越秀区"双减"工作中劳动课程作业设计与实施成果一等奖。

郑巍老师指导学生的创意物化作品《指尖上的雪花》荣获广州市越秀区综合实践活动作业案例设计二等奖（见图2-7）。

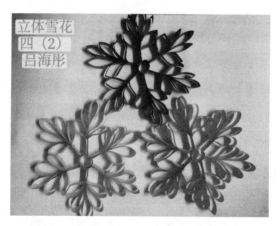

图2-7 学生物化作品《指尖上的雪花》

第三章

"三园·四维·五径"
劳动育人模式的案例和评价

劳动能唤起人的创造力。

——列夫·托尔斯泰

　　劳动创造美好未来。在实施"三园·四维·五径"劳动育人模式的过程中，我们根据各年段学生能力，确定各年段学生需要掌握的劳动技能，精心设计劳动课程，把劳育实践落到学生每天的日常生活中，通过校园竞赛、家校共育的方式，激励学生主动劳动、热爱劳动、珍惜劳动。同时，学校的劳动科和语文科积极探索新课程理念下的劳动课程评价体系，立足"以劳育全，五育并举"，科学制定劳动评价目标和劳动评价方式，务求在作业设计和课堂教学方面得到质的提升，以评价促进劳动教育的实施，以评价促进学生劳动素养的培育，唤醒学生的创造力，提升劳动教育的效果。

珠光路小学劳动教育评价探索

陈康英　郑巍　朱偲偲

我校结合学校劳动育人目标和劳动课程探索具有针对性强、相对独立性强的劳动教育评价体系，从而保障劳动教育的实施与落实，提升劳动教育的有效性和持续性。

一、完成型评价探索

劳动教育的根本目的是提升学生的劳动能力，使其能够达到适应社会生活的需要。完成型的劳动评价是在新课标要求的基础上根据学生的实际情况设定标准，主要是检测学生劳动活动的完成情况，着重点在学生是否自主完成劳动活动，在劳动过程中是否遇到自身无法解决的问题，从完成型评价诊断学生的劳动参与度和掌握程度，也可以此来反映劳动活动设置的合理度。我校在每个劳动活动中都会设计相应的劳动活动评价表统计班级劳动参与率，收集形成个人劳动档案袋，其中会对学生劳动活动的完成情况进行多样的评价收集，采用多种类型相互结合的评价方式，包括自我评价、他人评价（父母评、同学评、教师评）的多元评价等。通过完成型评价促进学生劳动参与的积极性和体会劳动的快乐，为劳动素养的养成奠定实践基础（具体操作可参考劳动作业案例）。

二、考核型评价探索

考核型评价是完成型评价的进阶，结合我校特色以少先队的"劳动章"为推手，通过劳动考核激发学生对劳动提升的自主性和急迫性，学生因此主动向他人学生劳动技能，锻炼劳动能力，以此继续优化对学生劳动作业的实践表现和劳动成果客观评估的手段，充分发挥以评促劳的功能和效用。考核型评价具有一定的时段性，一般是在学期末或学期初开展，由班级或年级统一设定劳动活动主题，主要通过真实的劳动实践检测学生劳动技能的掌握程度，从而为学校的劳动课程、活动设计提供数据支撑。

三、展示型评价探索

学生通过完成型评价习得了劳动的知识技能，在考核中初步检验并提升自己的技能，形成主动劳动的意识，而展示型评价则为学生提供了劳动活动的展示台。通过展示自己的劳动技能、劳动成果激发学生参与兴趣的同时，初步让学生体会到劳动后的幸福感，逐步养成劳动习惯和劳动意识。我校将展示型评价与校内劳动自治岗位相结合，通过劳动自治岗位的创设为学生创设劳动展示的机会，使学生主动参与美化校园，树立起校园主人翁的意识和爱护校园环境的意识。除此之外，我校还会定期开展劳动技能展示、成果展示会，展示特色劳动课程——二十四节气中"劳动+X"的跨学科项目等作品，如二十四节气思维导图、小手工等。教师对学生的作品进行筛选，组织学生进行展览活动，并对入选的作品进行重点解析，即从样式、色彩、图画、文字等方面进行综合评价，让学生留下了深刻的印象，给学生带来更多学习的启迪，真正地将学校"以劳促全，全面发展"的劳动育人目标落到实处。

四、综合型评价探索

劳动教育不是一蹴而就的，而是一个需要长时间积累到自身内化再到转化为自己行动的过程。劳动教育同样也不是孤立的，而是与各个学科都相关联的、不可分割的，可以与其他学科有机结合开展的。因此，劳动教育的评价也不是单向的，而应该是多维度的，甚至不限于劳动+学科的评价，而是更具综合性的全面评价。其可以综合各个维度进行评价，如劳动的科学性、劳动的艺术创造、劳动的科技创新等，通过创设"劳动好孩子""劳动小达人""劳动之星"等多个着重点不同的劳动奖励，为学生提供了劳动的展示平台，作为学生的能力检验台、学习台。学生通过评价检验自己的劳动技能，同时促进学生继续优化学习劳动技能。

案例：

忽如一夜春风来，千树万树梨花开

——"二十四节气"之"大雪"劳动教育主题活动作业设计

【作业设计意图】

2016年11月30日，"二十四节气"入选联合国教科文组织非物质文化遗产名录。被誉为我国"第五大发明"的二十四节气，从古至今，一直潜移默化地影响着我们的日常生活。但远离农业生产的城市孩子却对这项伟大的发明知之甚少，为此，学校教育就要担负起弘扬中华传统文化、培养时代新人的重任。劳动教育是立德树人的基本内涵之一，实践意识和动手能力更是贯穿、渗透、融汇在所有培养目标和手段中的基础素养，因此，我校围绕这一民间传统文化，开展了一系列相关的实践活动。

【作业背景分析】

"双减"政策落地以后，学生作业负担减轻，课余时间也更加充裕，有利于学生劳逸结合。鉴于当前学生的动手能力薄弱、日常劳动技能缺失、劳动意识淡薄等情况，我校开展了一系列与二十四节气相关的实践活动，使学生在活动中感受劳动人民的智慧，体验探究带来的乐趣。通过动手制作体验成功的快乐，同时培养学生热爱民间传统文化、热爱劳动人民的思想感情。

【作业目标】

1. 了解大雪节气的气候特点、民间习俗，初步了解大雪节气与日常生活的关系。

2. 结合数学、美术、体育等学科知识，借助活动与校本课程融合让全体学生更加全面地认识、了解大雪节气的风俗文化。

3. 学生通过动手实践，发现劳动的乐趣，感受传统文化的魅力，体会劳动的光荣与伟大，培养家国情怀，并在创造中展示自我，培养创造意识，增强劳动观念。

附：劳动活动实践评价表（见表3-1）

表3-1 劳动活动实践评价表

_____组劳动实践活动评价表

评价类别	评价标准	评价等级
劳动态度	1.劳动态度积极、主动、有始有终。 2.能独立完成，或在小组活动中服从安排，分工合作，配合完成任务，有团队意识。 3.善于倾听建议和友好沟通	A.非常积极、主动，全程认真投入。（ ） B.劳动态度比较积极。（ ） C.需要提醒。（ ）
技能掌握	1.掌握劳动的方法和技巧。 2.能熟练使用劳动工具	A.能正确使用工具，熟练完成劳动实践。（ ） B.能正确使用工具，比较熟练完成劳动技能掌握实践。（ ） C.不能正确使用工具，无法完成劳动实践。（ ）
安全意识	1.活动过程安全有序。 2.活动结束后，能把工具及物品摆放整齐、有序	A.安全意识强，能互相提醒，活动中无人受伤。（ ） B.安全意识有待加强，活动中有些意外。（ ）
劳动成果	劳动任务按时完成，并追求精益求精	A.劳动任务完成，效果优秀。（ ） B.劳动任务基本完成，效果良好。（ ） C.劳动没有全部完成，效果一般。（ ）

【作业内容】

从气候特点、民间习俗、大雪中的运动三个方面入手，借助活动与校本课程融合让全体学生更加全面地认识、了解大雪节气的风俗文化。

【融合的学科】

语文、数学、美术、体育。

【作业实施过程及要求】（见表3-2）

表3-2　作业实施过程及要求

活动阶段	年级	活动内容	要求
第一阶段：学习资料 11月30日	一至六年级	班队活动，学习相关知识，明确活动内容。 1.集中学习大雪节气的相关知识：来源、天气特点、风俗习惯、养生、体育健身、谚语、诗歌。 2.学校提供大雪节气的参考资料。 3.班主任在各大网站通过各种途径查找补充班级活动资料	每班精选两张班队活动照片（上传截止时间为12月9日17：00前）
第二阶段：活动实践 11月30日至12月7日	一、二年级	1.了解大雪节气的特点。 2. 通过看雪花的图片、视频等，再发挥想象，画一幅冬天的雪景	每班精选两份作品上交（上传截止时间为12月9日前）
	三、四年级	1. 了解人们在大雪节气的风俗、饮食习惯。 2. 动手制作一份美味的腊味饭和家人一起分享。 3.以照片、视频、手抄报等方式记录活动过程	
	五、六年级	1. 了解人们在大雪节气的风俗、饮食习惯。 2. 通过观察雪花的图片、视频等，选择身边循环利用的材料，动手制作立体雪花。 3.跟父母一起进行一项运动，以视频方式记录运动过程（二选一）	

续 表

活动阶段	年级	活动内容	要求
第三阶段：交流评奖 12月8日	一至六年级	班队活动：学生交流活动成果、心得体会，优秀作品评奖	每班精选两张班队活动照片（上传截止时间为12月9日17：00前）

【预期成果】

1. 学生能在课堂学习中了解大雪节气的气候特点、风俗习惯，积累与之相关的诗歌、谚语。

2. 注意安全，通过课内外实践，提高动手能力，熟练使用工具，掌握劳动技能。

3. 学生在劳动实践中融合其他学科，知识体系更全面。

4. 乐于分享交流，在"爱劳，求知，乐做，肯思"的育人目标下有更大进步，实现集体和个人的成长。

【设计团队】

陈康英、郑巍、朱偲偲。

【案例反思】

本案例以二十四节气之一"大雪"为载体，融入绘画、美食、手工等特色活动，传统与现代结合，文化与生活结合，将传统优秀文化再次带入学生的视野，在创新中融入新的时代精神，焕发新的精神活力。

本案例的活动实施过程具有较强的可操作性，按照学生的年龄和认知水平设计恰当的活动内容，如低年级的学生以绘画为主，在画中感受雪景的美丽；中年级的学生以美食为主，在美食中感受大雪的温暖；高年级的学生以手工为主，在做中体验雪花的温柔。

本案例的实施效果较好，各年级的学生都在劳动中学习到大雪的知识和习俗，一幅幅美丽的雪景图配上古诗，劳动与美术、语文结合，更展示出意境之美；一份份热气扑鼻的腊味饭，自己动手的美食才最香，大雪与美食相得益彰；一个个精巧细致的立体雪花，把冬天最美的雪花永远留在心里！

营养助成长，健康酸奶我会做

——小学六年级劳动教育案例

何慧聪

【作业背景】

（一）劳动教育是新时代党对教育的新要求

《关于全面加强新时代大中小学劳动教育的意见》指出，劳动教育是中国特色社会主义教育制度的重要内容，直接决定社会主义建设者和接班人的劳动精神面貌、劳动价值取向和劳动技能水平。劳动者是国家的主人。劳动教育使劳动者树立正确的劳动观点和劳动态度，热爱劳动和劳动人民，养成劳动习惯的教育，是人德智体美劳全面发展的主要内容之一。

（二）劳动教育是学校对学生的必要教育

劳动教育是一个人成长的必修课、人生的必修课，不能缺失。从教育科学的角度来说，学校能更系统地针对不同年龄和学习阶段的学生，加强劳动教育调研，科学设计劳动教育教材，组织授课，能够有组织、有规划地在潜移默化中培养学生的劳动兴趣、磨炼学生的意志品质、激发学生的创造力、促进学生身心健康和全面发展。其中，劳动教育是实施素质教育的重要内容，对人的全面发展起着重要的作用，没有劳动教育的教育是不全面、不完整的。

【劳动作业目标】

（一）劳动情感态度与价值观目标

树立热爱劳动的思想，获得积极劳动体验，明白劳动能够创造一切的道理。

（二）劳动知识与技能目标

力求通过劳动教育活动，教会学生学会选择适合自己、营养价值更高的酸奶，制作健康酸奶，让学生体验到劳动的欢乐，感受到劳动给人类生活带来的好处，形成良好的劳动技术素养。

（三）劳动习惯和品质目标

（1）培养热爱劳动的习惯，积极的劳动精神，使学生具有必备的劳动能力。

（2）能够自觉自愿、认真负责、安全规范、坚持不懈地参与劳动，形成诚实守信、吃苦耐劳的品质。

（四）劳动精神目标

（1）让学生懂得尊重劳动人民，珍惜劳动成果，珍惜父母的辛苦和劳动。

（2）通过劳动交流让学生学会乐意与家人、同学分享劳动所得，对学生进行感恩教育，领会"幸福都是奋斗出来的"内涵与意义。

【作业设计】

导语：酸奶中不仅含有优质蛋白质，还含有利于肠道平衡的益生菌。小学生生长迅速，新陈代谢活跃，正处于体格发育的快速增长期，对营养的吸收利用非常多，补充优质蛋白质尤为重要，酸奶这一有益健康的好食品，很适合学生。

"营养助成长，健康酸奶我会做"作业设计清单和导学单见表3-3、表3-4。

表3–3　"营养助成长，健康酸奶我会做"作业设计清单

劳动素养目标	1.树立正确的劳动观念。 2.具有必备的劳动能力。 3.培育积极的劳动精神。 4.养成良好的劳动习惯和审美品质
劳动方法	1.劳动技能：学习制作酸奶的方法。 2.劳动实践：选购营养价值更高的酸奶，学会制作酸奶。 3.劳动延伸：掌握有益的酸奶选购技巧
劳动步骤	1.认识酸奶： 第一步：查阅书籍、收集资料，了解酸奶中的菌种、喝酸奶的好处。 第二步：购买各种酸奶。 第三步：分析酸奶盒上的配料表和营养成分表。 第四步：学会根据成分、营养成分表的内容选购更健康的酸奶。 2.制作酸奶： 第一步：观看学习制作方法、步骤。 第二步：制作酸奶。 第三步：品尝酸奶。 第四步：分享交流：制作时的经验，品尝的快乐，劳动后的收获
学科融合	1.与数学学科融合：看营养成分的数据，判断出好酸奶的标准。 2.与综合实践融合，查找资料、梳理资料，认识益生菌。 3.与信息技术、美术学科融合，学生将自己制作酸奶的过程，通过电子小报的方式进行分享和推荐。 4.与科学学科融合：制作酸奶。 5.与语文学科融合： （1）小组内分享自己制作酸奶成功与失败的经历。 （2）小组内交流制作成功的酸奶拿给谁吃了，你收获了什么
作业时长	建议每周1次，每次1～2.5小时

表3–4　"营养助成长，健康酸奶我会做"导学单

工具和材料 准备	超市中可买到的酸奶。（认识酸奶） 牛奶、砂糖、瓶子、温奶器或保温壶等（制作酸奶）
第一步： 认识酸奶	到附近商店去购买各种牌子的酸奶
	通过查阅书籍、收集资料，了解酸奶中的菌种、喝酸奶的好处，学会给酸奶分类

第一步： 认识酸奶	通过对比各品牌酸奶的配料表（生牛乳+菌种+……越简单越好）和营养成分表（蛋白质含量大于2.9g/100g，越大越好），学会看酸奶盒上的配料表和营养成分表，为家人和自己选择最适合的酸奶
学生劳动任务	汇报收获：小组内各学生共享查找到的资料（乳酸菌的好处），分析酸奶上的"配料表""蛋白质含量"的结果。建议通过对比后进行汇报，如做成手抄报的形式讲解、实物出示等  

续 表

	劳动要求	图示	时长
第二步： 制作酸奶	1.教师在课堂展示制作酸奶的方法，学生记录酸奶的制作方法。使学生学会利用酸奶中的乳酸菌发酵制作酸奶。 2.学生制作酸奶。 （1）劳动前要与家长进行充分的沟通，得到家长的支持和指导（使用煤气、电源时要注意安全）。 （2）制作酸奶时煮牛奶和溶解砂糖时要开小火慢慢搅拌。	   	40分钟

续 表

	劳动要求	图示	时长
第二步：制作酸奶	（3）制作酸奶时要注意卫生，所有的器皿都需要进行消毒处理，最好不用塑料器皿。（4）制作酸奶时需要注意保持温度在35~40℃。可以用酸奶机制作，可以使用温奶器或保温壶保持特定温度，也可以间隔时间添加温水去保持温度	 	约10小时

【作业评价】

（1）利用"营养助成长，健康酸奶我会做"评价表对学生的劳动过程和劳动成果进行评价（见表3-5）。

表3-5 学生完成劳动情况表

"营养助成长，健康酸奶我会做"评价表					
劳动时间	劳动者	我推荐的酸奶（从市场上出售的酸奶中挑选）	推荐原因（文字）	我制作的酸奶（图片）	家长的评价（文字或等级）	劳动收获（文字）

（2）根据劳动完成情况表，选出最佳劳动者。

【劳动作业展示】（见图3-1）

图3-1 学生劳动作品

【劳动实践效果】

学生根据教师制作酸奶的方法回家自己制作酸奶，全班同学的成功率高达90%，失误率只有10%；在制作酸奶的整个过程中，只有3位同学需要家长帮助，这也从侧面说明了学生的动手能力强。同学们还通过电子小报的方式将自己制作酸奶的过程记录了下来，供其他同学参考。全班同学在实践中不仅学会制作酸奶、学会分享，更通过实践体验劳动的快乐。

【案例反思】

宽松优越的生活环境，使得不少小学生变得更为娇气。他们在生活上要求非常高，讲究吃得好、吃得健康，但往往不会通过主动劳动获得。酸奶是学生日常生活中常见的食物，学生对制作酸奶有着浓厚的兴趣，但酸奶在超市中随时可买到，学生动手制作的欲望不强。为此，本案例的设计从认识酸奶的成分，让学生学会在超市琳琅满目的酸奶品种中选择营养价值更高的酸奶开始，激发学生探索、分析、比较的欲望，继而示范做酸奶，让学生学会如何制作健康酸奶，充分调动学生学习的积极性。学生在动手中获得了很大的喜悦感、成功感。

清洗简单的小物品

林朝霞

【作业背景】

《义务教育课程方案和课程标准（2022年版）》要求教师在教育教学中，要落实习近平总书记关于培养担当民族复兴大任时代新人的要求，要从有理想、有本领、有担当三个方面培养时代新人。劳动教育是培养学生全面发展的重要部分，因此，在本次的劳动教育案例中，将有计划、有目的地组织学生参加日常的生活劳动，让学生树立劳动观念，养成劳动习惯，提高劳动素养，获得劳动精神。

（一）以劳树德，培养有理想的时代新人

五育并举，相辅相成，劳动教育具有树德、增智、强体、育美的育人价值。在设计劳动教育案例的过程中，结合学生的年龄特点，选择了日常劳动作为教学目标。劳动的起点低、难度小，还具生活化、可视化，学生更容易接受劳动学习。通过劳动教育，让学生初步了解什么是劳动，培养劳动兴趣，形成"自己的事情自己做"的劳动观念。在劳动的过程中，总能感受到劳动的艰辛与乐趣，这种感受会让学生明白，国泰民安、丰衣足食、美好生活是来之不易的，要懂得珍惜现在的幸福生活，更要树立远大理想，通过劳动创造美好的生活，通过劳动创造更多的财富，通过劳动为中国实现第二个百年目标贡献自己的力量。

（二）以劳增智，培育有本领的时代新人

本次的劳动教育案例是有目的、有计划地组织学生参加日常的生活劳动，其中包括活动策划、技能指导、练习实践、总结交流等环节。每个环节都落实到位，环环相扣，既有理论指导，又能动手实践，更加凸显劳动教育的理论性、实践性。

（三）以劳创新，培育有担当的时代新人

这一系列的劳动活动，充分研究学生学情，有意识地将劳动教育活动与其他学科做统筹规划和有机协调。一是劳动与科学相结合。引导学生通过科学的观察方法，观察家人在清洗物品过程中使用了什么工具，如何清洗，记下有什么需要注意的地方。二是劳动与美术相结合。学生通过画图的方式，清晰记录下劳动的每一个步骤，让劳动变成看得见的艺术，发挥想象，初步感受劳动的美好，期待劳动。三是劳动与语文相结合，鼓励学生主动分享自己的劳动过程，既能促进互相学习，又能提高口头表达能力。

【劳动作业目标】

（一）劳动情感态度与价值观目标

（1）注重培养劳动意识和劳动安全意识，使学生懂得人人都要劳动，感知劳动乐趣，珍惜劳动成果。

（2）激发学生想劳动、主动劳动的愿望，树立"自己的事情自己做"的劳动观念。

（二）劳动知识与技能目标

（1）学生通过认真观察，了解清洗劳动的步骤，关注劳动中的安全事项。

（2）指导学生完成家中物品的整理、清洗，拥有清洗物品的技能和安全完成清洗的技能。

（3）通过图画和文字，把劳动技能可视化。

（三）劳动习惯和品质目标

（1）提高劳动能力和生活自理能力，养成劳动习惯。

（2）劳动实践时，不仅关注劳动步骤，还要安全劳动，注重劳动的品质。

（3）感受劳动的魅力，通过劳动的创造美，让生活更美好。

（四）劳动精神目标

旨在引导学生崇尚劳动、尊重劳动，懂得劳动最光荣、劳动最崇高、劳动最伟大、劳动最美丽的道理。

【作业设计】

（一）活动策划

整个活动将分为五个阶段：集体学劳动、个人观察劳动、在家实践劳动、记录劳动过程和反馈劳动心得。从点到面、从集体到个人、从获得到习得，每个阶段的目标呈螺旋式上升，贴近学生的学习起点，搭设学习框架，把学习的主动权还给学生，给予充分的时间和空间进行自主学习、劳动实践，获得劳动本领。

（二）技能指导

1. 集体学劳动

通过图片、视频等方式向学生明确如何观察家人清洗家中物品。在观察的过程中，一要观察劳动的步骤；二要观察劳动时需要注意的地方，如用电安全、用水安全。在任务驱动下，锻炼学生的观察能力。

2. 个人观察劳动

安排一周的时间，让学生观察家人是如何清洗小物品的。记录清洗的步骤和注意事项。一周后，回校与同学交流观察心得。通过学生之间的交流，了解自己的观察是否到位，特别是劳动安全。劳动安全最难观察，用水量、用电安全都需要留心观察，多了会造成浪费，少了又达不到效果。让学生在交流观察心得的过程中，锻炼了劳动观察力、劳动思维力。

（三）练习实践

1. 学生练习实践

给予学生两周的时间，在家进行劳动实践，他们可以清洗家中一系列的小物品。在完成劳动实践前，向学生强调劳动纪律和安全规范，如穿好鞋子防滑，尽量不洒水，电器不碰水。在清洗的过程中，相信学生会发现，小脑袋明明看懂了，但手却不熟练。那是因为理论和实践之间总会存在差距，这个差距就是学生学习劳动的理由，通过发现差距，学会自己调整，做到缩短差距，才算真正习得劳动技能。

2. 家校协同，劳动实践

通过家长会、微信群等方式，向家长宣传劳动教育的重要性，邀请家长与学校协同，倡导家长把家务事融入学生的劳动教育中，指引学生完成劳动实践，分享劳动成果，增进亲子关系，树立学生自信心，养成爱劳动的习惯。

（四）交流总结

1. 组织交流总结

学生在家劳动实践过程中，选择自己最拿手的一项，利用绘画的方式把观察到的清洗步骤画下来，同时记录下劳动的注意事项，让学生再次复习劳动技能，形成喜欢劳动、积极参加劳动的态度。待下次劳动时，劳动实践会变得更加有条理、更加安全。

2. 设立评价机制

劳动评价是促进劳动教育目标实现的重要手段，因此，劳动评价的机制要遵循导向性、发展性、系统性的原则。以激发学生劳动兴趣，发展学生劳动技能和形成多元评价主体为目标，设置了立体的评价目标，包括家长评、教师评和学生评三种方式。

（1）家长评（30分）：根据劳动步骤的完整度、劳动过程的安全度和物品的清洁度评分。

（2）教师评（40分）：根据作业的上交率、画的结构与色彩、劳动照片的完整度和视频的口头表达感染力评分。

（3）学生评（30分）：选出"劳动小能手"。

让学生在劳动中收获生活体验和生活乐趣，激发学生对劳动的认同，培养学生辛勤、诚实的生活态度和生活方式。明白劳动可以创造一切，劳动才是一切幸福的源泉。作为新时代的青少年，应该有理想、有本领、有担当，主动劳动、积极劳动、热爱劳动，要通过孜孜不倦的劳动，为实现中华民族伟大复兴的中国梦贡献出自己的力量。

【案例实施过程】

（一）劳动实践活动动员会（40分钟）

（1）通过图片、视频等方式向学生明确如何观察家人清洗家中物品。

（2）确定清洗的物品。

（3）提出劳动的注意事项，如用电安全、用水安全。

（二）科学与劳动融合（一周）

（1）观察家人如何清洗小物品，关注清洗的步骤和注意事项。

（2）与同学交流观察心得。

（三）个人劳动实践（两周）

（1）在家中清洗物品。

（2）拍劳动照片和劳动视频。

（3）与同学分享劳动照片和视频。

（四）分享与交流（一周）

（1）画出清洗步骤，标记安全事项。

（2）写劳动心得。

【案例实践成果】

学生对于本次的劳动活动非常感兴趣，踊跃参加，积极劳动。学生在家可以完成清洗衣物、清洗红领巾、清洗鱼缸等家务。

在劳动照片中，学生认真专注地清洗小物品，完整地呈现清洗小物品的步骤。在劳动视频中，学生通过短短2分钟，展示清洗小物品的过程。本次劳动视频的录制，学生的表现有很大的进步，其一，注意礼仪，在视频的开头与结尾加上报幕和谢幕。其二，利用"首先……然后……接着……最后……"或"第一步，第二步"等词语，有条理地分享清洗物品的步骤。

尤为重要的是，在视频中加入了安全小提示，劳动安全意识增强了。其三，学生能大方分享自己的劳动心得，从劳动中引发出对生活的感受，获益良多。

摘录学生的反思与总结：

因为我很喜欢小鱼，所以爸爸妈妈就买了一缸鱼给我，但要求我要好好照顾小鱼儿。除了喂食，还要经常给小鱼的"家"打扫卫生，因此，清洗鱼缸就是我每周必做的家务活。

在清洁过程中，我会有条理地按照步骤来清洁每一个地方，它们"家"里最脏的地方就是过滤器啦！当然过滤器也是最辛苦的，它会把水里的脏东西吸到过滤网里面，经过过滤再把干净的水排到鱼缸里，每时每刻都在循环工作。清洗过滤器时要把每个零件都拆下来清洗，洗完后要安装好，如果安装不好它就会停止工作。

换水是清洗鱼缸最重要的一步。用专用的管子把脏水吸出来，要注意的是不能把所有水都吸出来，留一点给鱼儿们活动。把玻璃面擦干净，再注入新的水。

每次清理好鱼缸我都会静静地欣赏一下我的劳动成果。看到鱼儿们在清澈的水里游来游去，我的心情非常舒畅。

在本次活动中，由于画画能力稍弱，暂时无法呈现结构饱满、情节完整的劳动画，下次继续努力，在这方面做得更好！

家长对于本次劳动活动给予很高的评价，均反馈学生乐于进行劳动实践，习得不少劳动技能，变得更有担当，能主动承担家里简单的家务，开始有了"自己的事情自己做"的想法。

【劳动案例的反思与总结】

在本次劳动活动中，我认真学习了习近平总书记关于教育的重要论述，深入研究《大中小学劳动教育指导纲要（试行）》文件，贯彻并落实劳动教育。通过本次活动，让学生明白：劳动看似简单，但包含了对家人的责任、包容和关爱。家人的付出是无私的，作为家庭的一员，应该为家人做力所能及的事。本次活动只是劳动教育的开始，往后，我将通过各种方式，继续鼓励学生自觉劳动，体会劳动的乐趣，增加劳动的经验，培养劳动的兴趣，长大后，能做到习近平总书记所提出的"辛勤劳动、诚实劳动、创造性劳动"，争做"有理想、有本领、有担当"的新时代青年。

绿色里种出希望

——小学二年级劳动教育案例

李 欣

【作业背景】

（一）热爱劳动，弘扬劳动精神，紧贴指导纲要

《大中小学劳动教育指导纲要（试行）》明确指出，劳动教育是发挥劳动的育人功能，对学生进行热爱劳动、热爱劳动人民的教育活动，要强化学生的劳动观念，弘扬勤俭、奋斗、创新、奉献的劳动精神；强调全身心参与，手脑并用，亲历实际的劳动过程；要在充分发挥传统劳动工艺项目育人功能的同时，紧跟科技发展和产业变革，体现时代要求；还要充分发挥学生的主动性、积极性，鼓励创新创造。习近平总书记在2018年9月10日全国教育大会发表讲话时强调了劳动教育的重要性，要在学生中弘扬劳动精神，教育引导学生崇尚劳动、尊重劳动。

（二）五育并举，掌握劳动方法，强化动手能力

以此为导向，并以二年级小学生的认知水平和劳动能力为基础，结合我校"五育并举"的育人理念，在"爱劳，求知，乐做，肯思"的珠光路小学新劳动教育育人目标体系下，二年级（2）班在参与"绿色里种出希望"的生产劳动活动中，合理设计课程内容和作业清单，通过课程和实践，引导学生在课内外的实践中树立劳动意识，掌握劳动方法，强化动手能力，积累一定的劳动技能，并且

在参与过程中发挥学生的主观积极性，在个人发展与集体进步中得到成长。

（三）融入班级，学科中勇创新，集体创造自我

作业清单的设计也紧扣班级文化建设，引导学生在集体中成长。二年级（2）班的班名为"青苗班"，寓意青青小苗苗壮成长，因此作业主题以"成长"为关键词，定名为"绿色里种出希望"，体现以劳动教育作为育人的重要方面，关注学生在学习和实践中树立劳动意识，增加劳动认知，提高劳动技能，在劳动和其他学科融合中大胆创新，达到集体和个人共同发展的目标。

【劳动作业目标】

（一）劳动情感态度与价值观目标

（1）培养积极劳动、乐于参与的意识，认识劳动创造美好生活。

（2）通过在农田中动手实践，激发热爱大自然的情感。

（3）树立劳动最光荣的观念，懂得尊重劳动、崇尚劳动。

（二）劳动知识与技能目标

通过在农田种植养护实践，能掌握以下劳动技能。

（1）认识简单的农具，知道工具的作用和使用合理性。

（2）学会使用工具，并在小农田中亲手种下自己的"苗儿"。

（3）在实践中掌握种植技能，并能和他人交流种植方法。

（三）劳动习惯和品质目标

（1）初步养成劳动习惯和品质。

（2）在劳动实践中养成热爱劳动、刻苦耐劳的劳动品质。

（3）通过劳动实践懂得一衣一饭来之不易，要珍惜劳动成果。

（四）劳动精神目标

（1）和植物共成长，汲取植物顽强向上生长的精神力量。

（2）增强团结协作的精神，在劳动中学会合作。

（3）继承中华民族热爱劳动的优良传统，不怕艰辛、不怕困难。

【作业设计】

导语：拥抱农田，播种希望，我们将以实际行动为大地添上一抹希望的

绿色。在课堂里，我们学习保护自然生态的重要性，学习如何在生活中爱护花草树木，通过劳动实践在小农田里播种绿色，定时养护，收获成果，这么有意思且有意义的课堂，我们乐在其中，享受绿色里播种希望的喜悦，也学会了生态守护者的担当（见表3-6）。

"绿色里种出希望"作业设计清单和导学单见表3-6、表3-7。

表3-6 "绿色里种出希望"作业设计清单

	具体内容	实施日期	具体要求	参与方式	时间
分阶段达成目标（融合学科）	信息技术与劳动：了解植物生长的知识	9月9日至16日	1.通过查阅书籍、搜索资料等方式，了解植物生长的条件、植物的一生等知识。 2.以小组为单位交流分享。 3.以所了解的知识为家中种植做准备	个人参与 小组参与	1周
	科学与劳动：除草（种植前）	9月22日	1.戴好一次性防护手套。 2.以小组为单位，到指定的地块观看老师示范后除草。 3.除草过程中可用铲子，但切记注意安全。 4.清理后，杂草和工具要对应放好	全班参与	40分钟
	科学与劳动：学校种植	10月13日	1.认真听教师介绍工具（锄头、铲子等）的使用方法，使用时注意安全。 2.播种时有意识区分种子和幼苗的不同，观看老师示范后再种植。 3.戴好一次性防护手套后才开始，播种后要浇水。 4.种植完成后，要收拾好工具并摆放到指定位置	全班参与	40分钟

	具体内容	实施日期	具体要求	参与方式	时间
分阶段达成目标（融合学科）	科学与劳动：家中种植	10月至11月	1.根据家中情况选择和泡发种子。准备花盆、泥土、铲子等工具。 2.戴好防护手套，按步骤播种。 3.坚持每天浇水，定期施肥。 4.观察植物生长过程，拍照记录	个人参与	时间初定为1个月
	科学与劳动：浇水	10月至11月	1.提前集结小组队员，分配好浇水的地块，并准备好浇水壶。 2.按教师要求戴好手套，有秩序打水浇水。 3.浇水后，检查水龙头开关，收拾工具并摆放到指定位置	小组参与	每次20分钟，每周4次
	科学、数学与劳动：观察植物	10月27日	1.课前收集资料，初步了解要观察的植物。 2.明确观察植物的路线和要点。 3.认真观察，用尺子量出植物的高度，并乐于分享和记录过程	全班参与	每周1次，每次20分钟
	美术与劳动：画出植物生长的过程	11月3日至7日	1.整理之前种植和观察中记录的数据与资料。 2.画出植物生长的过程。 3.在班内乐于和同学交流分享	个人参与全班参与	1周
	语文与劳动：说说对植物的期待与希望	11月6日	1.以小组为单位，观察花生、秋葵、圣女果的生长情况。 2.小组内讨论交流，说出对植物的期待与希望。 3.小组代表在班内发言交流	小组参与	40分钟

表3-7 "绿色里种出希望"导学单

项目	具体要求	自评	互评
认识工具 我能行	1.能具体认识种植劳动所需要的工具。 2.能在注意安全的情况下使用工具。 3.工具使用后，能把工具按原位摆整齐	☆☆☆☆	☆☆☆☆
播种幼苗 我会做	1.能初步认识不同种类的幼苗。 2.学会观察幼苗，知道其茎、叶等基本情况。 3.能在不破坏幼苗的情况下正确播种。 4.在播种中能合理使用种植工具	☆☆☆☆	☆☆☆☆
定期护理 我坚持	1.每周至少4天到小农田对幼苗进行浇水、施肥、除草等护理常规工作。 2.能在生活和实践中积累相关植物护理知识。 3.能和小伙伴一起参与植物护理工作	☆☆☆☆	☆☆☆☆
交流分享 我乐意	1.能把种植养护的知识制作成可视化成果。 2.能和伙伴定期交流，学习新的植物养护知识	☆☆☆☆	☆☆☆☆

【劳动作业展示】（见表3-8）

表3-8 二年级（2）班劳动作业

学生作品名称	校内种植	学生名字	劳同学等40人	学生班级	二年级（2）班
作品整体情况/效果	全班分成10个种植小组，在珠光路小学七楼植物园内的空地上分别种上花生、秋葵和圣女果。全班学生在实践中得到满足感，通过实践得到劳动体验				
作业完成方式	☐独立完成 ☑合作完成		劳动内容		☐日常生活劳动 ☑生产劳动 ☐服务性劳动
学生作品说明	全班40人，分成10个种植小组，在两块空地上种花生，一块空地上种秋葵，一块空地上种圣女果。学生戴好一次性手套，注意安全、合理使用种植工具，在教师指导下小组合作种植植物				
学生反思总结	在安全的前提下，学生观看老师示范后，学会使用锄头、铲子、浇水壶、水桶等工具进行种植。学生通过实践，进一步了解植物生长所需条件，并在种植后坚持浇水和持续观察植物生长的情况，做好记录				

续 表

学生作品名称	种植芹菜和蚕豆	学生名字	杜同学	学生班级	二年级（2）班
作品整体情况/效果	学生在家中种植芹菜和蚕豆，并每天坚持浇水和记录生长情况。一段时间后，种子发芽，长势良好				

作业完成方式	☑独立完成 ☐合作完成	劳动内容	☐日常生活劳动 ☑生产劳动 ☐服务性劳动

学生作品说明	学生运用课上学习的种植知识和实践所得的种植经验，在家中种植合适的种子，每天浇水和观察植物，并运用数学知识记录芹菜和蚕豆两种植物的生长情况，对比两种植物的生长速度
学生反思总结	学生通过在家中种植实践，进一步强化种植技能，并在个人实践中融合其他学科，创新学习方式，进一步拓展知识体系。学生通过集体和个人实践，增加劳动认知，激发劳动兴趣

学生作品名称	花生的生长过程	学生名字	吕同学	学生班级	二年级（2）班

作品整体情况/效果	学生通过在校内种植花生，认真观察花生的生长过程，将种子萌芽到长大的生长过程以绘画的方式记录下来，清晰完整

作业完成方式	☐独立完成 ☑合作完成	劳动内容	☐日常生活劳动 ☑生产劳动 ☐服务性劳动

学生作品说明	学生在课上学习《植物的一生》，了解到种子发芽、生长的情况，有针对性地观察植物的生长过程，并画下花生开花结果的过程。画中表现花生幼苗的特点，以茎为轴，左右两边叶子对称。种植的工具也在画中得以记录			
学生反思总结	因画画水平有限，作品只是体现了植物生长的大致过程，没能精细体现植物生长过程中变化的特点。除草的步骤也遗漏了，会在今后的观察绘画中不断改进			
学生作品名称	雪梨生长记	学生名字	肖同学	学生班级
				二年级（2）班
作品整体情况/效果	学生从生活中取材，种植种子，并把生长过程以绘画形式记录。作品中体现雪梨种子的生长实际和未来期待。因观察周期有限，雪梨开花结果的过程借助网上收集的资料描绘。整幅画体现了雪梨种植的完整过程（图略）			
作业完成方式	☑独立完成 ☐合作完成	劳动内容		☐日常生活劳动 ☑生产劳动 ☐服务性劳动
学生作品说明	学生通过种植实践，把雪梨种子播种、发芽、生长的过程以绘画形式记录。植物的一生会经历开花结果的阶段，学生通过查阅资料，把最后一个阶段结合想象绘画。整幅画展现了雪梨种子的一生			
学生反思总结	尽管没有观察到雪梨开花结果的阶段，但学生在播种、发芽、生长的过程中坚持观察，对劳动实践产生浓厚的兴趣和特别的情感，因此激发学习兴趣，通过查阅资料补充雪梨种子生长的最后一个阶段，体现出劳动教育体系中知情意行的整体性			

【劳动实践效果】

　　小小种植园不仅让孩子们感受到劳动的乐趣，并从中体验收获的快乐，更促进了孩子们对自然现象观察和探究的兴趣。陶行知认为："劳动教育的目的，在谋手脑相长，以增进自立之能力，获得事物之真知及了解劳动者之甘苦。"立德树人，劳动为先，加强小学生劳动教育，让学生在农田中成为劳动小达人，学习种植技术，在课堂之外通过实践提升劳动技能，和植物共同成长。我们可以看到同学们乐于给自己的植物浇水、除杂草，让植物能够快速长大。在这一过程中，不仅让同学们体验到了生命成长的快乐，懂得珍爱生命，还让他们体会到了农民伯伯的辛苦，明白粮食来之不易。

【案例反思】

中华文明植根于农耕文明，此案例的设计创新性源自农耕文明，也结合了现今农业耕种的新方式。如今，"城市小菜园"进入我们的视野，在有限的空间里打造家中菜园，让生活充满绿色，也更鲜甜。门前、阳台、房顶、庭院都是植绿、爱绿、护绿的场所。美好珠光校园是我们的家，在教学楼顶打造3A小农田，充分用好空间，具备可行性。同学们在小农田里学习耕种知识，通过实践收获绿色体验，这是劳动教育浸润心灵，融合社会生活的具体体现。学科融合是本案例的特色之一，实践性与趣味性兼容，更能激发学生对劳动实践的向往。学生在动手流汗的劳动中树立爱绿护绿的意识，也培养了实干能干的品质。

我与植物共成长

——小学一年级劳动教育案例

贺丽春

【作业背景】

（一）立德树人，是新时代党对劳动教育的新要求

《大中小学劳动教育指导纲要（试行）》指出，劳动教育是新时代党对教育的新要求，是中国特色社会主义制度的重要内容，是全面发展教育体系的重要组成部分，是大中小学必须开展的教育活动。

（二）五育并举，发挥劳动教育在育人教育中的重大作用

2020年3月，中共中央、国务院《关于全面加强新时代大中小学劳动教育的意见》中明确指出，劳动教育是国民教育体系的重要内容，是学生成长的必要途径，具有树德、增智、强体、育美的综合育人价值。为了贯彻落实这一教育方针，我校把全面开展新时代的劳动教育作为培养学生核心素养的重要手段之一，围绕"以劳促全"，从以劳树德、以劳增智、以劳强体、以劳育美、以劳创新方面开展一系列相关活动，并取得了初步的成效。

（三）家校联动，实现全员参与的劳动教育

陶行知认为："劳动教育的目的，在谋手脑相长，以增进自立之能力，获得事物之真知及了解劳动者之甘苦。"以校园劳动和家庭劳动为主要内容开展劳动教育，全员参与，体会劳动光荣，尊重普通劳动者，初步养成热爱劳动、热爱生活的态度。

【劳动作业目标】

（一）劳动情感态度与价值观目标

（1）树立正确的劳动观念。懂得崇尚劳动、尊重劳动的道理。

（2）牢固树立劳动光荣、劳动创造美好生活的思想观念。

（3）通过劳动，知道粮食来之不易，懂得珍惜劳动成果。

（二）劳动知识与技能目标

通过小农田种植的劳动实践，培养必备的劳动能力。

（1）掌握小农田种植基本的劳动知识和技能。

（2）学会小农田种植的操作方法及要领，正确使用常见的劳动工具，增强体力、智力和创造力。

（3）具备完成一定劳动任务所需要的操作能力及团队合作能力。

（三）劳动习惯和品质目标

（1）养成良好的劳动习惯和品质。

（2）能够自觉自愿、认真负责、安全规范、坚持不懈地参与劳动，形成诚实守信、吃苦耐劳的品质。

（3）珍惜劳动成果，养成通过劳动让我们的生活环境更美好的好习惯。

（四）劳动精神目标

（1）关注学生在学习和实践中树立劳动意识、生命意识，增加劳动认知，提高劳动技能，在劳动和其他学科的融合中大胆创新，达到集体和个人的共同发展。

（2）将知识与活动合理融合，让学生将学到的知识运用到实践，培养劳动观念和劳动的习惯。

【作业设计】

导语：我们平时吃的米饭、蔬菜等食物是哪里来的？菜园是什么样的？从今天开始，我们就来学习开辟一片园地，种一些我们想种的蔬菜。

小农田种植介作业设计清单和导学单元见表3-9、表3-10。

表3-9 小农田种植作业设计清单

劳动素养目标	1.树立正确的劳动观念。 2.具有必备的劳动能力。 3.培育积极的劳动精神。 4.养成良好的劳动习惯和审美品质
劳动方法	1.劳动技能:学习小农田种植的方法。 2.劳动实践:种植植物的步骤、工具的使用方法以及一些注意事项。 3.劳动延伸:认识更多的植物,并进行生命教育,让学生认识到生命的可贵,关怀生命,珍爱生命
劳动步骤	第一步:课前通过查阅书籍、搜索资料、询问长辈等,了解植物生长的不同阶段及所需的环境条件。 第二步:以小组为单位交流讨论自己所了解的这种植物与其他同学所了解植物的生长阶段和所需要的环境条件是不同的,认识到对待不同的植物要采用不同的种植方法,为后面种植植物与在家中种植植物做准备。确定了种植的植物种类:番茄、辣椒,完成了劳动活动的分组。 第三步:课堂介绍种植植物的步骤、工具的使用方法以及一些注意事项。 第四步:和学生一起到生物园除草、平整土地。 第五步:带上铲子、小锄头和植物苗,和学生一起种。先是老师种,边种边讲解种植步骤。 第六步:课堂上用图片、视频方式进行讲解,让同学们知道所种植物的生长过程。把生命教育融合在一起,教育孩子们珍爱生命。 第七步:带领学生到生物园,观察植物的生长变化,并完成浇水任务。通过老师的介绍、观察,认识了植物园中其他的植物,了解了更多的植物。 第八步:带领学生到生物园进行除草、浇水,看老师如何进行施肥,认识到植物生长过程中施肥的必要性。 第九步:每天带领学生到生物园浇水。 第十步:从课内到课外延伸,尝试在家里种植
学科融合	1.劳动与信息技术:了解种植植物的知识。 2.科学与劳动:种植要求及了解植物的一生。 3.劳动、生命教育与科学:视频《我的植物朋友》。 4.劳动、数学与科学:以小组为单位,观察所种植物的生长高度及生长情况。通过对数据的简单分析,认识到植物在一天天地长大。 5.劳动、美术与科学:想象画出自己种下的植物长大后的样子。 6.劳动与语文:说说你对植物想说的话,学生讨论交流想对自己种下的植物想说的话,思考怎么才可以让自己种下的植物长得更高、更大
作业时长	建议每周1次,每次1~2小时

表3-10 小农田种植导学单

工具与肥料、种子准备	铲子、水壶、手套、营养土、复合肥料、杀虫剂、辣椒苗、番茄苗（每种苗需要20棵）等		
第一步：分组及了解种植的方法	1.分组：全班共分为8组（7组五人组，1组四人组），每块田分4组。 2.课前通过查阅书籍、搜索资料、询问长辈等，了解植物生长的不同阶段及所需的环境条件		
第二步：种植的过程	**劳动要求**	**图示**	**时长**
	1.了解植物生长、种植步骤及注意事项。课堂介绍种植植物的步骤、工具的使用方法以及一些注意事项	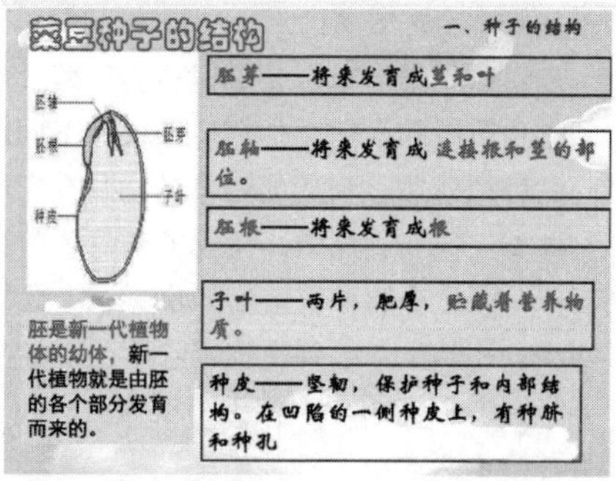 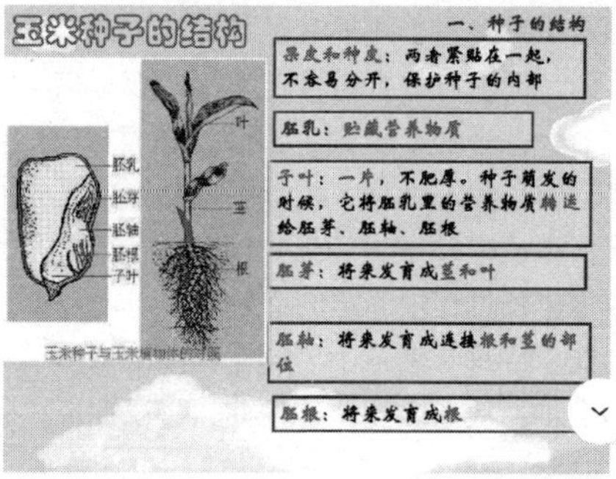	30～40分钟
	2.平整土地		40分钟

续 表

	劳动要求	图示	时长
第二步：种植的过程	3.浇水。 注意事项： ①带领学生到生物园观察植物的生长变化，并完成浇水任务，通过老师的介绍，还观察认识了植物园中其他的植物，了解了更多的植物。 ②进行生命主题教育	 	40分钟
	4.每天带领学生到生物园浇水，观察植物的生长情况		每天20分钟

【劳动作业展示】（见图3-2）

图3-2 小农田植物成长情况

延伸家里种植情况：

学生运用课上学到的种植知识和种植经验，在家长的指导下选择合适的植物，完成了植物的种植，运用数学知识记录植物的生长，还画出了植物长大后的样子，引导孩子知道每个生命都值得尊重，我们要爱护大自然的所有生物。

校外劳动活动记录表汇总（见表3-11至表3-14）。

表3-11 一年级（1）班小容种葱

班级	一年级（1）班	学生姓名	小容
劳动时间	2020年11月1日至今		
劳动内容	种葱		
劳动过程（准备阶段、实施阶段、结束阶段）	准备阶段：准备好葱头、花盆、洒水壶。 实施阶段：先挖一个小坑，然后放葱头进去，扶稳，最后埋浅浅的一层土。 结束阶段：给植物浇"定根水"，将花盆移到阳台		

劳动图片	1.我与葱交朋友 
	2.我与葱的合照 
	3.我与葱共成长 
劳动后的 感悟、想法、 见解	我觉得每个生命都值得尊重，我们要爱护大自然的所有生物

表3–12　一年级（1）班小刚种植菜心

班级	一年级（1）班	学生姓名	小刚
劳动时间	2020年11月1日		
劳动内容	种植菜心		
劳动过程（准备阶段、实施阶段、结束阶段）	1.准备好花盆、泥土、菜心苗。 2.把泥土倒进花盆，并且在花盆的中心位置挖出一个小小的坑。 3.把菜心苗放进刚刚挖的小坑里面，用周边的泥土把小坑填满。 4.用少量的水浇灌菜心苗的中心		
劳动图片	1.我与菜心交朋友 2.我与菜心的合照 3.我与菜心共成长 		
劳动后的感悟、想法、见解	一分耕耘不一定有一分收获，但是如果连最起码的事都不肯做的话，就绝不会有任何的收获。我们所拥有的食物不是必然而来的，而是需要经过我们辛勤的付出以及细心的照料，珍惜身边的食物，绝对不要浪费		

表3-13　一年级（1）班小欣种蚕豆

班级	一年级（1）班	学生姓名	小欣
劳动时间	2020年11月3日		
劳动内容	种蚕豆		
劳动过程（准备阶段、实施阶段、结束阶段）	首先准备几颗蚕豆种子，用铲子把土壤松软，然后把种子放入泥土并用泥土盖好、浇水。种植蚕豆种子后要及时浇水、保温、保湿，种植完种子后收拾好工具，做好地面的清洁卫生		
劳动图片	1.我与蚕豆交朋友 2.我与蚕豆的合照 3.我与蚕豆共成长		
劳动后的感悟、想法、见解	在树叶飘零的季节，我在冰凉的泥土里埋下几粒种子，后来种子发芽了，那一刻，我明白了原来劳动是快乐的，并懂得了一分耕耘，一分收获，要珍惜眼前的幸福生活		

表3-14　一年级（1）班小钧种植辣椒

班级	一年级（1）班	学生姓名	小钧
劳动时间	2020年11月3日		
劳动内容	种植辣椒		
劳动过程（准备阶段、实施阶段、结束阶段）	首先准备了泥土、辣椒种子、花盆、水、铲子；然后在泥土中间挖个坑，将种子放进湿润的泥土里，将泥土均匀覆盖种子；最后就是浇水，结束后收拾好工具，擦干净桌面		
劳动图片	1.我与辣椒交朋友 2.我与辣椒的合照 3.我与辣椒共成长 发芽　　幼苗期　　开花期　　结果期		
劳动后的感悟、想法、见解	在学校我已经跟其他同学一起种植了番茄，在家里我决定种植辣椒，我会好好照顾番茄和辣椒，每天坚持浇水并适当施肥，希望它们快快长大，结出果实		

【劳动实践效果】

开展劳动教育是新时代党的教育方针的要求，培养五育协同、全面发展的社会主义建设者和接班人，不仅要注重知识层面的培养，更要培养其综合能力和创新思维。校园里的小农田种植和家里种植，不仅锻炼了孩子的劳动技能，还拓宽了孩子的知识面。孩子不但能在书本上看到农作物的样子，也能见识农作物的实际生产过程：播种、发芽、长高、开花、结果到除草、捉虫、浇水……每一个过程，孩子们都能参与其中。孩子们直观地接近自然的过程，就是一种课堂与课外相结合的教育，就是孩子们通过自身的辛勤劳动弘扬劳动精神，长大后能够辛勤劳动、诚实劳动、创造劳动。

【案例反思】

农业是人类衣食之源、生存之本，是一切生产的首要条件。通过小农田种植，孩子们真正体会到"谁知盘中餐，粒粒皆辛苦"的意思，从而珍惜劳动果实，树立劳动光荣的思想。

通过这个劳动案例的实施，我们更清晰地认识到，根据时令灵活安排劳动课程，见缝插针完成劳动课时，选准关键节点，如选种、栽种、拔草、收割等，让孩子参与到劳动学习中，其他时间更多的是带领孩子观察农作物的生长。

"纸上得来终觉浅，绝知此事要躬行"，课堂上在知识的海洋里遨游，下课后到田园里劳作，孩子们将结合自己所学知识，向教师、家长请教，辛勤耕耘自己的"开心农田"，融合各学科文化，集智慧、劳动、审美于一身，真正体验劳动的乐趣和艰辛，助力孩子德智体美劳全面发展。

我是广府美食小当家

——小学二年级劳动教育案例

林卓韵

【作业背景】

(一)落实课程理念,立德树人

《大中小学劳动教育指导纲要(试行)》指出,劳动教育是发挥劳动育人功能,对学生进行热爱劳动、热爱劳动人民的教育活动。实施劳动教育的重点是在系统的文化知识学习之外,有目的、有计划地组织学生参加日常生活劳动、生产劳动和服务性劳动,在实践中接受锻炼、磨炼意志,培养学生正确的劳动价值观和良好的劳动品质。

(二)贯彻教育导向,育时代新人

以习近平新时代中国特色社会主义思想为指导,贯彻育人导向,在培养德、智、体、美、劳五育并举人才的过程中,注重挖掘劳动在树德、增智、强体、育美等方面的育人价值。培养学生劳动观念,劳动精神贯穿课程全过程,树立正确的劳动价值观,尊重劳动,提升实践能力和社会责任感,成为懂劳动、会劳动、爱劳动的时代新人。

(三)融合岭南特色与学科学习内容,构建家校多形式实践平台

《义务教育劳动课程标准(2022年版)》中提到课程内容应坚持因地制宜,注重培养学生自理自立能力,选择日常生活劳动内容,注重时令特点和

区域产业特色，加强与学生生活和社会实际的联系。强调"做中学，学中做"，从现实生活的真实需求出发，手脑并用，激发参与劳动的主动性、积极性，亲手操作，亲身体验完整的劳动实践过程，进行劳动技能训练，通过设计、制作、试验、淬炼、探究等方式获得劳动体验，在学校技能中感悟和体验劳动价值，培育劳动精神。

【劳动作业目标】

（一）劳动情感态度与价值观目标

（1）融合本地人文元素，语文学科"爱祖国，爱家乡"单元和美术学科"我的家乡美食"单元的学习内容，围绕岭南饮食文化特色与美食制作，进行实践交流。感受广府美食文化的历史底蕴与魅力，增强中华传统文化自信和民族自豪感。

（2）通过多种形式推进劳动实践，学习基本的劳动技能，逐步提升动手能力，懂得人人都要劳动、劳动成果来之不易的道理，树立"劳动创造美、劳动最快乐"的思想观念。

（3）初步感知劳动的艰辛与乐趣，学会尊重他人的劳动付出，喜欢劳动，具有主动劳动、积极参加劳动的愿望。

（二）劳动知识与技能目标

（1）围绕劳动实践主题，融合多学科学习内容与技能，进行自主探究，激发学习热忱，增强智力与创造力，逐步提高综合能力。

（2）设计系列活动，螺旋式推进劳动实践，从"收集—记录—绘图—观察—制作"等劳动，逐步提升动手能力，初步掌握感兴趣的劳动技能。

（三）劳动习惯和品质目标

（1）围绕主题，通过"收集与记录"的方式，了解感兴趣的信息进行学习与分享，培养良好的学习与探究精神。

（2）通过"观察与绘图"的学习方式，了解劳动过程，激发爱劳动的体验，在观察中知道要注意安全的事项以及规范使用工具的重要性。学会保护自己，培养安全劳动意识。

（3）结合收集、观察所得，亲身体验制作美食的劳动过程，提高动手操作能力，初步感知劳动的艰辛与乐趣，学会尊重他人的劳动付出，培养珍惜劳动成果、珍惜粮食的好习惯。

（四）劳动精神目标

（1）通过系列活动，激发劳动兴趣，乐于参与集体或家庭的劳动事务，喜欢劳动，具有主动劳动、积极参加劳动的美好愿望。尝试不同形式的学习与劳动，逐步掌握一项劳动技能，学会主动做力所能及的事情。

（2）通过学习与劳动实践，懂得人人都要劳动、劳动成果来之不易的道理，初步形成以自己的劳动服务他人的意识。

【作业设计】

导语：同学们好！融合广州传统饮食文化元素，道德与法治课"爱祖国，爱家乡"单元和美术学科"我的家乡美食"单元的学习内容，今天我们就以"我是广府美食小当家"为主题，开展五个阶段的实践活动，把了解与学习到的岭南饮食文化及特色美食与小伙伴分享交流，共同体验劳动的快乐吧！

"我是广府美食小当家"实践活动过程围绕"我是广府美食小当家"主题，通过收集、交流、观察、绘画与制作等不同形式的实践活动，分五个阶段螺旋式推进劳动实践活动，提高动手能力，逐步掌握一项劳动技能。

"我是广府美食小当家"作业设计清单和导学单见表3–15、表3–16。

表3–15　"我是广府美食小当家"作业设计清单

劳动素养目标
1.初步学习收集主题信息，激发学习兴趣，提高动手能力，培养自主探究的精神。 2.根据收集到的感兴趣信息，学习简单记录相关内容，促进观察与动手能力，培养勤动手、爱学习的良好习惯。 3.通过系列活动，激发劳动兴趣，乐于参与集体或家庭的事务，喜欢劳动，具有主动劳动、积极参加劳动的美好愿望

劳动方法		
1.劳动技能： *自主上网收集广府美食信息，记录关键内容。 *观察美食制作步骤及安全注意事项。 *手绘美食食谱	2.劳动实践： *根据观察所得，自主制作食谱。 备好制作美食材料，在家长的指导下，制作一道广府美食	3.劳动延伸： *通过此次制作美食的体验，说说今后能够做得更好的哪个细节或哪个环节要注意安全操作
劳动步骤	**学科融合**	**作业时长**
第一阶段活动内容： 1.借助信息技术，自主探究 网上收集资料，了解广州饮食文化特色，美食中蕴含的故事等。 2.记录感兴趣的内容 简单记录或画下感兴趣的广府美食。 3.分享自主上网收获 说说最感兴趣的广府美食以及自己尝美食时的感受	活动目标： 劳动与信息技术相结合 通过浏览网页，收集广府美食文化资料，了解广州美食文化特色，当中蕴含的文化及背后的美食故事	活动时长： 1.一周内，利用课余时间进行资料收集。 （约1小时） 2.交流收集到的美食资料（1课时）
活动提示：注意用眼卫生与信息安全。浏览网络需家长从旁指导，30分钟后，休息10分钟		
第二阶段活动内容： 1.学科融合，画出广府美食 根据自己所收集到的广府美食，动起小手画出喜欢的美食图。 2.挖掘美食中蕴含的人文内容，学习传统文化 以手绘广府美食图与同伴进行交流。 分享对该美食的认识以及美食背后的故事	活动目标： 劳动与美术、语文相结合 融合美术学科"我的家乡美食"单元和语文学科"爱祖国，爱家乡"单元的学习内容，根据自己所收集到的广府美食，动起小手画出喜欢的广府美食图	活动时长： 1.画美食。（1课时） 2.交流对美食图中美食的认识，美食蕴含的故事（1课时）
活动提示：控制画画与用眼时长。对照网络图片画美食，40分钟后，休息10分钟		
第三阶段活动内容： 1.观察中学习 选择喜欢的一道广府美食，观察家人制作美食的过程，注意在学习过程中，关注步骤、细节以及安全事项。 （包括用火、用电与自身安全）	活动目标： 劳动与美术学科教育相结合 观察家人做的广府美食，把观察所得绘制成一份完整、有趣的广府美食食谱	活动时长： 1.一周内，利用课余时间观察家人制作一道美食的过程，记住制作步骤。（约1小时）

2.观察后手绘食谱 以手绘的形式，把观察所得绘制成一份完整、有趣的广府美食食谱。 3.共享观察收获 学习喜爱的美食实际制作步骤，绘制食谱后，回校与同学交流		2.以手绘的形式，把观察所得绘制成一份完整的广府美食食谱交流（1课时）
活动提示：注意用电、用水、用火的安全。进入厨房，注意不触碰电源与炉灶开关		
第四阶段活动内容： 1.备好食材 带着手绘食谱，在家长的协助下备好制作美食所需的材料，准备进入厨房"实战"。 2.劳动实践 在家长的指导下，完成一道简单的广府美食。 3.记录劳动过程 邀请家长协助，把劳动过程用文字、相片或视频的方式，记录下劳动成果	活动目标： 劳动与信息技术相结合备好制作美食所需的材料，入厨房"实战"。把劳动实践的美好过程，用文字、相片或视频记录下来	活动时长： 一周内，利用课余或双休日，在家人的指导下，制作一道简单的广府美食，用文字、相片或视频的方式记录劳动过程（约1小时）
活动提示：注意用水、用电、用火和使用刀具的安全。要求在家长的指导下，进入厨房实践		
第五阶段活动内容： 1.展示实践成果，分享劳动收获 回顾劳动过程，通过相片或视频分享制作美食的过程。 2.说趣事，提安全 说说劳动中有趣的事或做美食要注意的安全细节。 3.谈感受，有反思 谈谈吃着自己做的美食有何感受，或今后要做得更好的地方，并记住小目标	活动目标： 劳动与口语交际相结合展示实践成果，交流分享劳动收获。说说劳动中有趣的事以及提醒小伙伴要注意的安全细节	活动时长： 1.展示劳动实践成果，分享劳动收获。 2.小组内评出"我心中的星级'劳动小能手'"（1课时）
活动提示：分享美食制作过程要讲清楚步骤，提示要注意的安全小技巧		

表3-16 "我是广府美食小当家" 导学单

工具和 材料准备	收集资料：电脑与网络，广府美食图（彩笔、图画纸、记录本） 广府美食制作：手绘食谱、食材、厨具等
第一阶段 活动	第一步：网上收集图片与资料。了解美食由来的典故等文化特色。 第二步：简单记录或画下感兴趣的广府美食图等内容。 第三步：说说最感兴趣的广府美食以及自己尝到美食时的感受
活动时长	一周内，利用课余时间进行资料收集（约1小时）
安全提示	注意用眼卫生与信息安全。浏览网络需家长从旁指导，30分钟后，休息10分钟
第二阶段 活动	第一步：根据收集的资料，画出自己喜欢的美食图。 第二步：与小伙伴交流美食图中对该美食的认识及美食故事
活动时长	1.画美食（1课时） 2.交流对美食的认识及美食故事（1课时）
安全提示	控制画画与用眼时长。对照网络图片画美食，40分钟后，休息10分钟
第三阶段 活动	第一步：选择喜欢的一道广府美食，观察家人制作步骤及安全事项。 第二步：学习喜爱的美食制作步骤，手绘一份完整的广府美食食谱。 第三步：绘制食谱后，回校与小伙伴交流
活动时长	1.利用课余时间，观察家人制作美食的过程，记录步骤。（约1小时） 2.根据观察所得，手绘一份完整而有趣的广府美食食谱（1课时）
安全提示	注意用电、用水、用火的安全。进入厨房，不随意触碰电源与炉灶开关
第四阶段 活动	第一步：带着手绘食谱，在家长的协助下备好制作美食所需材料。 第二步：在家长的指导下，入厨完成一道简单的广府美食。 第三步：请家长用文字、相片或视频的方式记录劳动过程及成果
活动时长	一周内，利用课余时间制作美食及拍摄劳动过程（约1小时）
安全提示	注意使用水、电、火及刀具的安全。要求有家长陪同才进入厨房实践
第五阶段 活动	第一步：班级中，分享小视频，回顾制作美食的劳动过程及收获。 第二步：说说劳动中有趣的事、提醒同伴做美食时要注意的安全细节。 第三步：谈谈吃着自己做的美食有何感受，提出今后改进的小目标
活动时长	展示劳动实践成果，评出星级 "劳动小能手"（1课时）
安全提示	小伙伴互相分享制作过程中要注意的安全事项及防护小技巧
学生 劳动任务	根据以上各阶段的活动步骤指引，进行实践时需要家长从旁指引，以确保劳动安全

【作业评价】

同学们，请评出心中的星级"劳动小能手"吧！（见表3-7）

表3-17 "劳动小能手"劳动评价表

劳动素养	劳动收获	自我评价	同学评价	教师评价	家长评价
劳动观念	劳动最光荣，热爱传统文化	☆ ☆ ☆	☆ ☆ ☆	☆ ☆ ☆	☆ ☆ ☆
劳动能力	能完成生活与学习中力所能及的事情	☆ ☆ ☆	☆ ☆ ☆	☆ ☆ ☆	☆ ☆ ☆
劳动精神	懂得劳动虽辛苦但快乐，乐于完成简单的劳动任务	☆ ☆ ☆	☆ ☆ ☆	☆ ☆ ☆	☆ ☆ ☆
劳动习惯	能认真制作美食，不浪费食材，注意安全操作	☆ ☆ ☆	☆ ☆ ☆	☆ ☆ ☆	☆ ☆ ☆

【劳动作业展示】

经过以上几个阶段的劳动实践，同学们的收获颇丰，个别作品分享如下。

（一）各阶段作品展示（见图3-3和图3-4）

图3-3 我的家乡美食与我的广府美食菜谱

图3-4　劳动实践成果与我的收获分享

（二）劳动作业反馈

同学们稚嫩的反思与活动小结。

孩子们在汇报中体会到：在劳动中除掌握了学习方法外，还初步学会了坚持一步步把自己感兴趣的事完成。觉得与家人和同学分享劳动成果是十分有意义的事情，亲身体会到了劳动的苦与乐。

由于受到个体身高、动手能力及认知水平的局限，目前同学们的美食制作还需要家长从旁指导并及时提醒劳动中要注意的安全细节。在回顾劳动过程中，同学们还能自我发现需要继续进步的地方。个别同学还兴致勃勃地讲述着在操作过程中出现弄乱材料和倒洒水，或者在实践过程中糖或盐放多或放少等现象，并提到下次该如何做……由此可见，实践出真知！相信孩子们定能从每一次的不足与反思中积累经验，小手越劳动越灵巧，为今后的劳动实践累积更多的自信。

【劳动实践效果】

通过劳动实践，全班同学的劳动兴致更高了。课间，班级事务主动做，教室值日工作抢着做，同学们动手能力提高了，集体凝聚力更强了。大家都在劳动中不断成长，共同进步。

实践活动后，李梓嘉同学的劳动小视频代表班级，参加了广东省"我劳动，我快乐"劳动主题教育劳动小视频评选，获得广东省教育厅颁发的一等奖殊荣（见图3-4）。

图3-5 学生获奖照片

【劳动案例反思】

"一方水土养一方人，知识与能力都来源于生活!"本次活动能够依据纲要贯彻落实第一学段劳动目标要求。根据低年级孩子求知欲强、爱动手的年龄特点，融合广州本地人文元素，围绕语文学科"爱祖国，爱家乡"单元和美术学科"我的家乡美食"单元的学习内容而进行实践设计。既培养了孩子们的动手能力，也成为他们喜闻乐见的劳动实践。

劳动案例能够从学情出发，设计螺旋式递进的五个阶段活动，引导学生在不同阶段的活动中，通过收集、交流、分享等方式获知感兴趣的学习内容。运用不同的方法，促进孩子们深入认识感兴趣的事物，在加深了解广府饮食文化的过程中，通过一步步实践，初步学会做好一件事，从而体验劳动的苦与乐。

正所谓"一分耕耘，一分收获"，劳动创造美，劳动实践让大家体悟到了劳动成果的来之不易，点滴收获都在激励着同学们今后继续努力锻炼。在生活中自觉动起双手与大脑，通过劳动创造美好生活。养成安全规范、有始有终的劳动习惯，为创造更美好的生活而不懈努力!

第四章

"三园·四维·五径"
劳动育人模式成果

劳动永远是人类生活的基础，是创造人类生活和文化幸福的基础。

——马卡连柯

为提高教师的劳动课程研究水平，不断完善"三园·四维·五径"劳动育人模式，教师积极投入劳动课程融合的研究当中。通过课题研究带动日常的课堂，使学科的发展不再局限于独自发展，而是让劳动与其他课程有机融合、创新融合。劳动与学科融合，是学生在劳动体验的过程中感受到各学科之间的内在联系，从而习得劳动技能、培养劳动习惯，学习劳模精神的重要途径；是培植"幸福是劳动创造出来"劳动育人价值观的创新实验；也是培育学生劳动素养、全面发展的有效延伸。

浅谈"双减"背景下提升小学生课外阅读兴趣的策略研究

卢小云

一、问题的提出

"双减"背景下，各地教育部门要求教师切实推进减负提质，统筹兼顾课前、课中与课后衔接，学校教育与家庭教育共育共管，更好地发挥育人功能。而在家庭教育方面，因家庭的差异，部分家庭的育人功能很难保障，特别是孩子的课外阅读行为的质量很难保证。也因为孩子的课外阅读行为不是发生在课堂上，教师难以监控阅读质量，所以孩子在课外阅读中存在的问题不少，如阅读积极性不高、主动性不强，不少孩子只是在教师和家长的安排与督促下进行任务式阅读。这样的课外阅读流于形式，缺乏有效的深入阅读。

但是，课外阅读是提升孩子语文素养的重要一环，不能忽视。语文课程是一门实践性很强的课程，语文素养的提升需依靠大量的阅读积累。统编语文教材也体现了这一点，统编语文教材的一大变化就是增加了"快乐读书吧"板块，教材在编写时就体现了由课内走向课外、拓宽学生阅读空间的编排理念。将课外阅读纳入语文课程教学体系之中，目的是引导学生从课内走向课外，培养学生爱读书、读好书、读整本书的良好习惯。由此可见，课外阅读具有重要地位和作用。

要提升课外阅读的质量，最关键的是提升孩子的阅读兴趣。孩子的阅读行为发生在课堂之外，光靠教师的"管"和家长的"催"是很难落实阅读行为的。爱因斯坦说："兴趣是最好的老师。"提升孩子课外阅读的兴趣，发挥孩子阅读的主观能动性，促进阅读质量的提高，显得尤为重要。

二、提升孩子课外阅读兴趣的策略

如何激发孩子的阅读兴趣，提升阅读效果呢？

（一）有趣的任务驱动

教师可创设一些孩子感兴趣的任务内容和活动，激发孩子去阅读整本书，使孩子由被动阅读变为主动阅读，提升阅读质量。

1. 漫画达人

用"漫说寓言故事"的方法演绎寓言故事。

布置学生用漫画的形式来表现一个自己喜欢的寓言故事。学生对这个作业很感兴趣，收到的效果也很好，有的采用单幅漫画，有的采用连环图的形式，漫画中的角色夸张有趣，还配上一两句精彩对白。读书交流环节，把学生的漫画展示出来，并进行一次看图猜寓言故事的游戏，这个环节检测了学生对寓言故事阅读的广度和深度。

2. 制作明星卡片

把自己喜欢的著作中人物的姓名、爱好、特长、使用的兵器、性格特点、相关事件、主要成就等，用最简练的语言在一张卡片上显示出来，这也是学生分析概括人物形象特点的一个过程。

（二）多彩的活动推进

1. 好书推荐活动

除了阅读教材"快乐读书吧"列出的阅读书目外，孩子们还需要阅读更多的书籍。哪些书籍适合孩子们阅读，又能引起他们的兴趣呢？"好书推荐活动"应运而生。

同学推荐。孩子把自己喜欢的已阅读过的书籍推荐给同学，能得到同龄人的认同，激发他们的阅读兴趣。

教师推荐。2021年版的语文课程标准指出：语文课程在推广普及国家通用语言文字，增强凝聚力，筑牢中华民族共同体意识，建立文化自信，培育时代新人，实现中华民族伟大复兴等方面具有不可替代的优势。根据课标立德树人的任务和书籍的影响力，教师向孩子推荐一些经典书籍。

家长推荐。家长向孩子推荐书目，带给孩子全新的感受。不同职业、不同经历、不同兴趣的家长走进课堂、走上讲台，给孩子们推荐书籍，鼓励孩子们多读书、读好书，也大大激发了孩子们的兴趣，拓宽了孩子们的视野。同时，家长走进课堂，也拉近了学校与家长、家长与孩子之间的距离，也促使家长重视孩子的课外阅读，一举多得。

2. 举办"班级电影节"

小组合作演一演著作中的一个经典情节，并设立班级电影节"百花奖"，给获奖者颁发奖状和证书。奖项包括：最佳导演、最佳道具、最佳音乐、最佳服装、最佳男女主角、最佳男女配角、最佳故事片。学生对于扮演的热情高涨。为了演好角色，孩子们会反复阅读著作中人物的表情、对话、动作、揣摩人物心理。而这些正是阅读素养提升所必须要关注的地方。通过表演的方式去促使学生达成阅读目标。

除此之外，孩子们也要动手制作道具，如孙悟空的金箍棒、猪八戒的九齿钉耙、关羽的青龙偃月刀等。除了道具，孩子们还要设计人物的衣着、发型，设计表演场景。这既可以让学生兴致勃勃地去阅读书籍，也能训练学生的动手能力，培养劳动技能，实现"五育并举"的新时代育人目标。

3. 读书节颁奖活动

对孩子们的阅读行为，要有检测和评价，对孩子们的积极阅读做出肯定和激励，也给暂时落后的孩子树立榜样，在班级形成积极阅读的读书氛围。因此，在读书节颁奖活动前，制定简单易操作的阅读过关测试项目，邀请部分家长到课堂，请他们给孩子们进行阅读过关测试，并给阅读达人颁发奖状、奖品。让积极阅读的孩子获得荣誉感，激励他们坚持阅读、认真阅读。

（三）有效的课内指导

课外阅读课内指导已经成为统编教材教学的常态。

1. 抛砖引玉，引导学生有思考地阅读

如设计这样的问题："大家都喜欢诸葛亮，不喜欢曹操。但是，在历史中，曹操有不少'闪光点'，大家能发现吗？"激发学生的阅读兴趣和思考。或者让学生观看电影电视剧中的某个片段，然后师生一起赏析片段中人物动作、语言、表情、性格以及电影中出现的环境的作用等。这样就把阅读和写作结合在一起，阅读效果更好。

2. 课堂设计有挑战性的高阶思维活动

（1）如列出书中主要人物的关系图。

把书中比较重要的人物、他们的关系（君臣、父子兄弟等）用自己的方式表达出来。因为著作中的人物众多，关系复杂，学生通过小组合作，把著作中的人物关系理顺了，他们的思维又一次得到了有效的训练。

（2）制作思维导图。

思维导图方便学生通过图形技术，把复杂的事件清晰简明地标示出来。思维导图的开放性和跳跃性很符合学生的思维特点，学生制作思维导图的过程，就是分析整合故事情节的思维过程。引导学生制作思维导图，有助于学生把握书籍的内容框架和人物性格特点。对于短篇著作，可以让学生就全文内容制作思维导图；对于长篇著作，可以让学生针对某一个篇章来制作思维导图（见图4-1）。

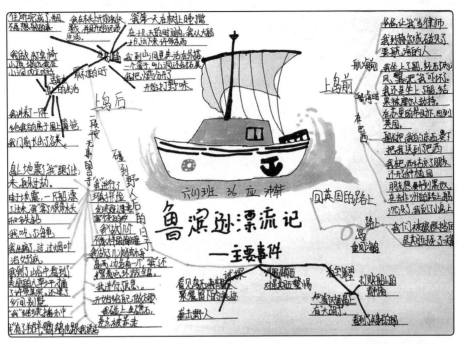

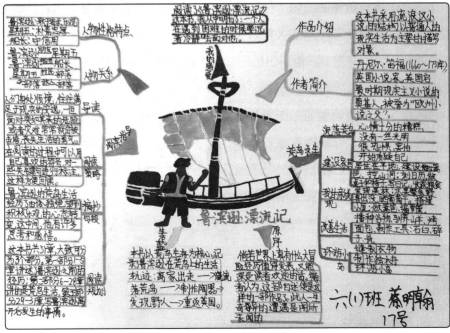

图4-1 《鲁滨逊漂流记》思维导图

三、初步成果

经过以上一系列阅读策略实施，孩子们的阅读兴趣浓厚了，阅读的质量也提升了，并且促进了孩子们的劳动素养和审美能力的提升。

（一）孩子们养成了阅读的习惯

只要有空，孩子们就手捧书本，认真阅读。喜欢阅读的习惯带来的是孩子生活方式的转变。节假日他们会约上三五知己去图书馆阅读，外出旅行也会在行李中放上书本，沉迷电子产品的现象少了。

（二）孩子们的语言表达能力提高了

大量名家名篇的阅读和积累，潜移默化地影响着孩子们的语言表达能力。

（三）孩子们的眼界拓展了，劳动能力、审美能力、创新能力也得到了提高

因为孩子阅读的广度、深度都扩展了，历史、自然科学、经典小说等各个领域的书籍都有不少孩子去阅读。知识面丰富，呈现的阅读成果作品也更有思考性、创新性。

四、思考

根据统编版语文教材的编排体系，尝试提升孩子课外阅读兴趣的策略实施，除了可以促进孩子整体语文素养的提高之外，还有着多重意义。

（一）对落实"双减"有着积极的意义

落实"双减"要统筹兼顾课前、课中与课后衔接，学校教育与家庭教育共育共管，更好地发挥育人功能。提升孩子的阅读兴趣，可以很好地统筹课中与课后学习活动，家庭与学校共育。"减轻过重的作业负担"这一点可理解为"高质量的作业建设"。高质量的作业建设在于为学生提供更高质量的学习状态，更高品质的学习生活，更高质量的学习体验，更高质量的师生交流。这些恰恰也可以通过高质量的阅读来实现，特别是对学有余力的孩子，更是一个不封顶的学习攀登过程。

（二）多学科融合教育

与劳动课程的融合。劳动课程标准倡导丰富多样的实践方式。强调学生直接体验和亲身参与，注重动手实践，手脑并用，知行合一，学创融通，倡导"做中学""学中做"，激发学生参与劳动的主动性、积极性和创造性。注重引导学生通过设计、制作、试验、淬炼、探究等获得丰富的劳动体验、习得劳动知识与技能，感悟和体验劳动价值，培养劳动精神。在提升孩子课外阅读兴趣的策略实施过程中，有不少动手实践、手脑并用的劳动内容，如制作表演道具、角色服装等，很好地锻炼了孩子们的劳动技能，培养了劳动精神。

与美术等课程的融合。孩子们画思维导图、人物卡片、人物关系图等，潜移默化地提升孩子们的美术素养，影响着孩子们的审美能力。阅读面的拓展同时也增强了孩子们对科学、地理、人文、历史等方面的了解，全面提升孩子们的综合素养。

参考文献

［1］张丽丽. "以范本为引促群文阅读" ［J］.天津教育，2020（28）：135.

［2］中华人民共和国教育部.义务教育语文课程标准（2022年版）［S］.北京：北京师范大学出版社，2022.

聚焦语文要素　优化作业设计

——"双减"背景下小学语文作业有效性研究

郑　巍

为了落实"双减"政策减负提质的目标，让学生在课堂40分钟内更高效地习得知识，养成习惯，形成能力，提高素养，同时，针对作业布置"一刀切"，没有考虑不同学习能力的学习差异等问题，我秉持让作业少而精、精而趣、趣而值的理念，采用"阶梯式""自主式"等操作设计，让学生在操作中学得有灵气、有实践成效、实践面面俱到，在作业中有所习得。本文将从作业的类型方式优化创新上阐述我对于小学语文作业设计优化的探索和思考。

一、传统作业引发的思考

作业是一种检验学生学习成果的手段。从作业的难易程度来看，以前的作业没有把学生之间的差异考虑进去，因此造成成绩优秀的学生"吃不饱"，得不到思维能力的提升，对于学困生来讲又巩固得不够，基础知识不够扎实。作业的方式比较单一，重视抄抄写写，语言训练和思维拓展不多。

"双减"政策的提出，促使教师转变教育观念，从培养学生的语文素养出发，在减负的同时保质、提质，作业改革迫在眉睫。作业设计要加强学习内容与学生经验、现实生活、社会实践的关系，注重实际场景的营造，注重思维的开发，激起学生的学习兴趣和学习挑战，实现各个学段的教学目标。作业类型方式也要发生转变：学科融合作业、项目探究作业、劳动体验作业……从而降低机械重复作业，促进学生思考、理解和探究，使学生在学习和生活中体会到乐趣，激发学习的积极性，打破了过去重知识、轻能力的作业模式。

二、"双减"背景下的作业设计策略

（一）基于学生的学情进行分层设计

根据我对所教班级的观察和深入了解，发现学生的身心发展和认知水平存在客观上的差异，导致学习效果不均衡，学习质量参差不齐，理解能力、领悟能力、记忆能力等诸多因素将学生的学习质量自然分层，也让教学者明确了学生的短板所在，能力的欠缺，而不是用分数一概而论地将学生划分为优、良、中、差。以本班学生为例，大致有以下几种类型：有些学生"双基"不过关，甚至个别学生连拼读都还没有完全掌握；有些学生基础知识良好，但理解能力与表达能力存在问题；还有些学生学有余力却只能在班级水平线上徘徊，没有机会提升、拓展自己的能力……因此，基于以上学情，亟须根据具体学情进行客观、科学的分层作业设计，这里所谓的分层不是依据分数分层，而是精准定位学生的知识技能短板，有针对性地"对症下药"，以达到均衡发展，使不同层次和能力的学生都得到相应的进步与提高。

基于学情分析，作业的难易程度也将这些因素考虑在内，但在期末综合练习时，并不会因为差异而降低难度，基础知识也是无论何种水平的学生都要夯实的内容，是课程标准中必须要掌握的知识与技能，因此字词作业必不可少，为了避免"一刀切"，可以设计不同的语言训练分层作业，针对不同学生的学习能力水平。当然，不管是哪一层作业，都要充分调动学生学习的主动性和积极性，使每个学生都能在各自原有的基础上得到充分发挥，遵循学生主体性、可选择性、针对性的原则。

我在教学统编版语文四年级上册课文《一只窝囊的大老虎》生字词后，布置了这样的作业：①课堂听写过关的学生可以免做抄写词语的作业。②课堂听写错三个以内的同学，自选五个生字词写一段话。③课堂听写错五个以上的同学抄写生字词三遍。同时，以加分的方式，鼓励学生把字写好、把句子写通顺，将课内外学过的词语、修辞运用在写话中，学生不仅可以自主选择作业，还可以在适合自己的作业中获得成功的喜悦。

（二）基于"五育并举"理念下的学科融合作业设计

教育的核心内容是五育并举。语文新课标也提出，教师要精心设计，扩大语文学用领域，在不同内容、不同方法的相互交叉、相互渗透、相互融合等方面，重视跨学科的学习，让学生开阔眼界，提高学习效率。如果在作业设计上精心探究，设计出融合不同学科的作业内容，可以收到一举多得的效果。

1. 跨学科资源融合，全面提升语文素养

以四年级上学期第一单元的语文要素为例：边读边想象画面，感受自然之美。这需要教师设计出一项能够发挥学生想象力同时又能考查学生理解能力的作业。在平常的观察中，我发现学生对美术、音乐、体育等艺术类的学科非常感兴趣，结合这个特点，我将这项语文要素和美术学科结合起来，在学习第一单元课文《观潮》后，结合课后第一题"背诵第3～4自然段"布置了一项作业：读熟课文第3、4自然段，想象当时的画面，用绘画的形式将课文内容画出来，再试着背一背。学生对这次作业非常感兴趣，主动性和积极性都提高了不少。

从反馈的作业来看，不仅画面生动，栩栩如生，背诵也很流利，切切实实地将语文要素落实到位。而且，在以后的小练笔或日记中，也有同学继续自觉给文字配上了漂亮、切合文意的插图，为作业增添了不少亮色。

2. 沉浸式实践体验，汲取民族文化智慧

此外，二年级下学期所做的"识字"单元，让学生通过中国神州大地的壮丽山河,中国传统的节日、风俗习惯,学习中国汉字故事,学习中华美食,感觉出中国历史的悠久,感觉出中华文化的灿烂。所以,为培养学生领略传统文化的魅力,传承中华优秀传统文化,培养他们热爱祖国和热爱中华民族的情感,增强文化自信,培养爱国情怀,结合新时代下的教育,将劳动教育与语文教学、作业设计融会贯通,充分挖掘、开发新的途径,进行有机的融合教育。我将语文作业的设计与校本劳动课程相结合,在校本化劳动教育中挖掘出新的契机——劳动教育与传统文化教育融合,旨在将国家情怀、民族情怀与传统文化情怀根植于学生心中。

如在教学识字第4课《中国美食》时,将学校开展的主题为"以劳促全,传承舌尖上的广府文化"的学生美食劳动技能挑战活动贯穿其中,每个年级以"蒸、煮、焖、煎、炸"特定的烹饪方式为美食创作方式,倡导学生掌握至少一种广府美食的做法,同时探究美食背后的饮食文化、历史渊源,体会广府文化的博大精深,最后以美食食谱的形式呈现自己的劳动成果。在学生劳动创造的过程中,学生懂得了一饮一食来之不易。在烟火气中、自食其力时,感受了生活之美与劳动之美。孩子们不仅学会了劳动技能,还深入了解了具有特色的广府饮食文化,在感悟劳动艰辛的同时,更懂得珍惜劳动成果、尊重劳动人民。

又如,我校通过开发二十四节气劳动课程项目,借助二十四节气这把钥匙,帮助学生解开中华优秀传统文化的密码,融合多种学科领域,汲取古代劳动人民的智慧。孩子们通过"诵"节气,积累关于二十四节气的古诗,习得劳动知识;通过"食"节气,探寻节气的美食秘密,如清明品茶、吃青团,立秋吃瓜;通过查阅资料,在小雪节气探秘动植物过冬的妙招、探寻雪花形成的原因……这一系列劳动内容的开展,潜移默化地影响着孩子们的日常生活和精神生活。在此过程中,孩子们增长了智慧、学识。在搜索资料、阅读书籍、动手实验的探究活动中,更深刻地领略传统文化的魅力和精髓,更清晰地感受物候变化,在大自然中领会理解农耕及节气,体验生活乐趣,融入自然世界,提高了学生学习传统文化的主动性和积极性。

（三）基于"学科融合"策略下的实践探究类作业设计

城市的孩子接触田园生活的机会不多，课业的压力也导致无法经常进行户外活动。"双减"政策出台以后，随着作业量的减少，学生放学后的自主时间也更加充盈，为了更好地指导学生充分、合理地利用这段时间，教师们可以结合课内所学内容进行课外实践，开展一些有益身心的实践活动，寓教于乐。

四年级上学期第三单元的语文要素是"了解观察的方法，体会文章准确生动的表达"。单元习作是写观察日记。在学习完单元第二篇课文后，我就布置了一项养殖、种植的作业。让孩子们连续几天观察家中的宠物或者种一些绿豆、黄豆等易生长的植物，观察它们的生长和变化，以图文并茂的方式记录下来，如果在养护的过程中遇到了问题，也可以通过网络或书籍探寻答案。

三、作业设计策略初显成效

基于学生学情的分层作业设计，既夯实了学生的基础，激发了认真书写的积极性，又锻炼了思维和表达，让不同的学生有自己的发展和成长，让普通、枯燥的字词作业也可以成为学生发展的生长点，让作业不再是一种强加在学生身上的负担，而是一个学生成长的需要，一个主动汲取知识养分的重要过程。

采用多学科融合的方式，通过不同感官，动脑又动手，脑力劳动和体力劳动巧妙地结合起来，感受文化氛围，增强劳动观念，培养创造意识。这种沉浸式的体验有助于学生在劳动实践活动中探索传统文化背后的内涵，传承和弘扬优秀的民族文化。

学生喜闻乐见的动手探究式作业，让学生在动手创造的同时，能发现、动脑、动手。用童心体会，寻找课本之外的生活，从课内走向课外，在时间中感受学习的乐趣。

四、结语

在"双减"大环境下，教师要呵护并培养学生的学习兴趣，挖掘学生的潜力，增强分析问题、解决问题的能力，重视实践，突出创新。教师要做到这一点，就是以学习任务为动力，在作业的实效性上下功夫，以此作为重点研究目的，紧扣学科特征，以语文要素为基础，精练和整合各作业内容，使每一项作业都能做到有的放矢，这样才能事半功倍，真正做到全面化、个性化、精准化，"双减"政策才会真正落地开花。

参考文献

［1］张启芳.素养共生：语文作业设计的价值取向［J］.语文教学与研究，2021（4）：146-147.

［2］王劲草.浅谈小学语文作业如何"减负增效"［J］.新教师，2020（4）：43-44.

［3］逯香林.优化语文作业设计　提升学生语文素养［J］.基础教育论坛，2020（19）：39-40.

［4］丁丽雯.基于"双减"背景下的作业优化实践探索［J］.现代教学，2022（1）：75-76.

［5］陈玉玉."双减"下基于分层理念的小学语文作业设计［J］.求知导刊，2021（47）：13-15.

劳动融合教育，开启特需生自信人生

林朝霞

"对于富有才华和热爱劳动的人来说，不存在任何障碍。"这句话对我的影响非常大。我曾经认为，作为一位老师，让学生获得更多的知识是我的本分。但现在认识到，原来知识只是学生学习发展的一部分。新时代下，教育教学应聚焦学生发展的核心素养，培养全面发展的接班人。学习了《义务教育劳动课程标准（2022年版）》的文件后，更加坚定了自己的想法。

在教学的过程中，并不是教师的无私付出，学生就能全盘接受，因为学生的自我能动性更为重要。如何激发学生的自我能动性，这一个刺激点极为重要。根据弗洛伊德的需要理论，人只有满足了低级的需要，才会产生更高一级的需要。

特需生是一群很特别的群体，是一群天真无邪的孩子，但他们需要更多科学的策略支持来帮助他们融入正常的社交。不善言辞的他们，通过学科之间的融合，获得自我成长的机会，培养自信心，可以达到以劳促长的效果。

一、特需生的需求

小许是我校的一名特需生，他为人纯良，没有明显的攻击性。入学前，通过感统训练，能静静地坐在课室里上课，不会影响课堂纪律。在上学期间，也学习了各种课程，包括音乐训练课、篮球课等调控注意力，他在课程中均得到教师的认可，注意力的问题得到缓解，认知方面有提高，会主动表达自己。

他特别害羞，不自信，还容易紧张，总是低着头玩自己的毛巾。在课堂上，他总是沉浸在自己的小世界里，屏蔽了老师的课堂。他无法与同学正常交流，只能做简单的动作表达自己。他还经常借东西给同学，却不提醒同学还。他总是想用自己的方法和其他同学玩，但由于交流不畅通，得不到同学的理解。教师曾尝试多找他聊天，试着让他融入班级生活，但总是不成功。后来，经过一段时间的耐心观察，发现了学生有自己的小世界，在那个世界里，他是阳光、积极、乐于学习的，只是在陌生的环境里，他感到害怕，再加上不懂得表达自己，自然表现就不一样。他需要安全感和自信心才能真正融入班级。

二、劳动融合策略

（一）劳动激发勇气

校园就是学生的第二个家，只有"家"的温暖才能让小许喜欢上学。教师的关爱是这个"家"中必不可少的元素，满满的关爱会让他更乐意上学。在校园生活中，他虽然沉默寡言，但总是尽自己最大努力做好教师布置的任务。有一次，他把午饭吃干净后给老师检查，老师顺手竖起大拇指表扬他："真棒！"出乎意料的是，他也竖起大拇指与老师的大拇指相碰，也说了一句："真棒！"他的那句"真棒！"仿佛是为自己打气。从那次起，他开始与教师接触，即使教师站在他面前，也不会不自觉地走开。每当教师主动地叫他的时候，他也会鼓起勇气小声地叫一声"老师好"。对于一个容易紧张的学生来说，他真的进步很大。他一直默默地努力着，争取再次得到表扬。

教师经常给他提供为班级服务的机会，安排他擦黑板、摆桌椅、关风扇和灯等任务。放学值日时，他很认真完成，细致到连黑板的边角位置都擦干净了。教师说了一句："你真聪明。谢谢你认真完成值日！"他冲着教师笑了。后来，他再看到教师的时候，是面带笑容地问好。在教师的鼓励与关爱下，他慢慢地习惯了校园的生活，开始融入班级中，不再是那个只顾着玩毛巾的小男孩了。其他学生也知道他只是一个普通人，他有工作能力，也值得大家感恩。

在学校这个大家庭里，身边容易触碰到的关爱，容易感受到的温暖，让他更有勇气地表达自己。

（二）劳动唤醒创造力

劳动是一切幸福的源泉。通过劳动，可以充分发挥学生的才华，唤醒学生的创造力。小许的剪纸和画画最厉害，教师利用了他这方面的才能，为他创造与同学沟通的渠道。在平常的校园生活中，教师会经常鼓励学生进行剪纸和画画的活动。等他的劳动作品成熟后，就会通过各种途径展示他的作品，如把他的剪纸作品贴到班级，让他制作书签，作为奖品送给同学，都有不错的效果。最后，通过一段时间的努力，他终于取得了进步。他得到了班级"成长之星"称号，也敢于站在全校面前说出自己的名字。那挺得笔直的小身板，像一个小军人一样。那份勇气、那份拼劲也得到了全校师生的认可。

（三）替代课程，满足学科学习需求

小许经过两年的校园适应、学习后，在读字词时，能用手指指读，刻板记忆较好，但词语的辨别度较低，运用存在困难；在阅读理解方面，可以理解正常的口语交流，但对文字的理解存在困难，思维不稳定。根据学情，为小许制定了替代课程。所谓替代课程，即是在学生力所能及的范围内，与其他同学共同完成学习任务。在学生的能力无法到达的范围内，采用另一种他能接受的方式教学，完成属于他"最近发展区"的学习任务。课前，向他展示任务清单，请他逐一读出，明确任务，同时告知同桌，适当时可以提醒。后来，在他无法参与的环节，他自己独立完成练习，课后进行讲评。写对一题，及时表扬，讲评后要再读一次，加深印象。通过替代课程的学习，他更愿意维持自己的学习动力。练习也是根据他的实际情况制定，满足他的学习需求，增强自信心。

三、实施效果

通过劳动融合策略，让小许能平等地接受有质量的普通教育，增加生活技能，长大了，也能自己养活自己。

经过四年的努力，小许学会了打开自己的心扉，慢慢融入班集体里。遇见了老师，会主动地走到老师面前，勇敢地向老师问好。在课室里，常能看到同班同学围在他的身边，努力地拉着他一起玩。即使有人主动地拉起他的手，他也没再甩开，那种自然、和谐、温馨的动作看上去像是一位老朋友。这一切的改变，让他更加有自信，也有勇气接受下一个更大的挑战。在学习上也变得更加主动，增长了自信心，使得他在班级里都能开心地度过校园生活。

另外，对于班级的其他学生来说，也有促进作用，能促进班级的正向教育，分享天赋，让学生明白"尺有所短，寸有所长"，珍惜多元化。随着科技进步，会发现更多的孩子都有自己的特别之处，不能怕其他孩子不能理解而将他们隔离。应该让他们接受不一样的人，学会与不一样的人相处，从而建立更加立体的社会关系。成年人的社会关系或许很功利、很现实，但孩子们还小，他们应该构建一种更加平等、包容、和谐的社会关系。学会主动关心，做一些对别人有益的事。

教育是一个反复的、螺旋上升的过程。虽然在上升的过程中总会遇到后退的情况，但我觉得这同时是一个契机，一个反思的契机。通过反思，更应该坚持劳动融合教育，只要及时调整策略，仍然可以不断激励学生前进。真的希望学生在源源不断的关爱中，可以努力地成长，成为更出色的自己。

"双减"背景下的小学数学作业设计

李 慧

在"双减"政策提出的时代背景下，作业设计的质量不仅是提升教学质量的重要手段，也是检测教师专业素养的重要标志。作业是教师精心设计送给学生的礼物，也是学生自主学习内化的过程。因此教师在设计作业时，不仅要着眼于提升学生的学习能力，也要尽可能减轻学生的作业负担。如何优化数学作业设计，激发学生做作业的兴趣，挖掘学生的潜能，成为教师们需要重点研究的课题。

当前的作业还存在以下问题：一是作业类型缺乏创造性，较多机械重复性作业。二是作业缺乏指向性，设计作业采取"一刀切"的方式。学优生长期做难度偏低的作业，少了探究的乐趣，而潜能生又会认为难度偏大，打击了其积极性，学习能力也停滞不前。这也跟教师面对的学生数量较多且情况复杂，工作繁忙有一定的关系。三是作业量偏大，当前评价教师和学生的方式都是看成绩，而提升成绩最便捷的办法就是"刷题""以题攻题"，尽可能地让学生接触更多的题型，掌握其解题技巧，从而应对考试。

在"双减"政策的引领下，参考数学课程标准提出的新要求，接下来，我将结合教学实践经验，提出优化小学数学作业设计的几点思考。

一、时事作业，让数学作业更具现实意义

现代社会日新月异，小学生也应该关注国家大事，教师可以巧妙地将作业与时事相结合，让学生感受到我们所学的知识和很多国家大事也是紧密联系的，进行智育与德育的有机结合，让数学作业更具现实意义。

例如，2022年2月北京举办了冬奥会，在开学后讲授"负数"一课时，就可以设置一个探究性作业：你知道为什么冬奥会选在北京举行吗？学生可能会猜想北京是首都，北京举办过夏季奥运会，北京的温度比较适宜……这时候教师补充问题：究竟举办冬奥会的城市温度要在什么区间呢？国际奥委会认为冬奥会举办城市的理想气温应处在–17℃～10℃。非常巧妙地将零上温度和零下温度这一知识点与冬奥会相结合，既能拓宽学生的知识面，也可以彰显知识的实用价值。

又如，以北京冬奥会开幕式中的《立春》短片以二十四节气倒计时为切入点。二十四节气是我国古代劳动人民的智慧结晶，也是古代的生产生活指南，劳动人民根据节气的变化进行农业活动。教师布置探究性作业，中国古人是根据什么来划分二十四节气的呢？引导学生去查阅"土圭之法"资料，了解中国古代如何根据土圭之法划分四季和节气，感受度量时间的意义。有条件的学校还可以带领学生尝试"立竿见影"，记录一段时间内影长的变化，交流记录后的发现和感想。

二、阅读作业，让数学作业更具文化韵味

数学学习的过程不仅要获得知识与技能，更要渗透数学思想，了解数学文化。中国古代数学拥有很多了不起的成果，在作业中穿插这些内容可以让学生了解中国传统数学文化，增强民族自豪感。并且，现在是大语文时代趋势，布置阅读作业也可以间接提高学生的审题能力。

例如，在学习"圆的周长"后可以指导学生去阅读圆周率的历史。了解祖冲之是世界上第一个将圆周率精确算到小数点后第7位的人。

又如，学习完"质数与合数"后，学生可以阅读材料，了解哥德巴赫猜想，这个猜想看似简单，小学生都容易理解，但是证明这一猜想却十分难，我国数学家陈景润的研究是哥德巴赫猜想研究史上的里程碑。通过这样的阅读作业，学生不再局限于掌握质数和合数的概念，打破知识的边界，原来小学的数学知识和"高大上"的数学难题也密切相关。

这样设计的数学作业，可以让学生强烈感受到中国古代数学的先进性，从这些数学家身上汲取积极向上的力量，借由这些古人的文化之根激励新时代的青少年继续数学研究。

三、分层作业，让数学作业更有梯度

学生的知识基础和认知水平存在差异，这是客观存在的问题，而设计分层作业可以使不同层次的学生都得到最大限度发展，尽可能找到学生在学习同一知识的"最近发展区"。尊重学生的差异，因材施教。

例如，"植树问题"一课，教师可以这样来设置分层作业。A组是基础题，B组是提升题，C组是拓展题，学生可以根据自己的学习情况选择作业。A组题是显性的"植树问题"，题目给出了条件，学生较容易判断出是两端都栽，一端栽、一端不栽，还是两端都不栽，慢慢过渡到隐性；B、C组题需要学生根据题意思考属于哪一类"植树问题"，层层深入，难度逐步增大。这样不仅能夯实基础，也能鼓励学优生逐级突破，增加了作业的趣味性和挑战性。

四、生活化作业，让数学作业更贴近生活

数学是一门工具性学科，教师要结合生活经验，灵活地设计作业形式，使抽象的数学知识形象化、生活化，帮助学生积累经验，有利于提升学生的理解效率和综合素养水平。

例如，在学习"统计"相关知识后，教师就可以布置这样的作业：统计家里近一年的用水量，观察每个月的数据变化，分析产生的原因，你能给家人提出哪些节约用水的建议呢？学生可以自由选择统计表或者统计图来统

计，感悟这些统计工具的优缺点。这样的作业不仅能让学生感受到数学与生活存在千丝万缕的关系，也能提高学生的实践能力。

又如，在学习"比例尺"后可以布置这样的作业：学生选择合适的比例尺画出家里的住房平面图；找一幅中国地图，说出它的比例，量一量广州到北京的图上距离是多少厘米，再算一算它们之间的实际距离是多少千米；根据地图，你还可以提出什么数学问题。通过这样的作业，学生对于"比例尺"这一知识就能做到"知其然，知其所以然"。

五、跨学科融合，让数学作业拓展延伸

为了强化小学各学科间的关系，帮助学生更全面地掌握知识，形成更完整的知识架构，教师可以将数学作业与其他学科有机整合，克服学科割裂的局限性，跨学科的作业，给予学生发现创新的机会，培养学生的创造性思维，进一步提高学生综合运用知识的素质。

例如，数学作业与美育相结合，在学生学完用圆规画圆后，可以设计作业：用圆可以设计出许多漂亮的图案，请你用圆规、三角板和直尺等工具绘制出你喜欢的图案。让学生设计"圆"不仅能锻炼学生画圆的能力，也能感受到圆可以创造美的价值，学生在绘图创作的过程中对数学的兴趣得到了升华。

又如，数学作业与语文学科糅合，如猜谜语。

（1）谜面：$\frac{2}{2}$。谜底：合二为一。

（2）谜面：0，2，4，6，8。谜底：无独有偶。

（3）谜面：$1000 \times 1000 = 100 \times 100 \times 100$。谜底：千方百计。

根据数字猜成语：①$\frac{7}{8}$ 对应的成语是七上八下；②$\frac{1}{100}$ 对应的成语是百里挑一；③$\frac{1}{2}$ 对应的成语是一分为二。

数学作业还可以与劳动教育整合。任务一：寻找家里的圆柱体物品，并思考为什么要做成圆柱，而不是正方体或者其他形状呢？任务二：你能利用厨房

中的食材制作一个圆柱吗？在制作过程中感受圆柱体的特点。任务三：选择一种食物，探究圆柱体可以截出哪些平面图形？思考前后什么量变了，什么量始终不变。任务四：烹饪你选择的圆柱形食材。这一主题作业，从熟悉的生活中的圆柱形物品入手，帮助学生结合日常生活经验，理解物体做成圆柱体的科学道理。小学生的空间想象能力不足，所以借助黄瓜、萝卜等食物，横着切、竖着切、斜着切，能直观地看到不同切法，得出的截面分别是什么。通过动手实践，其印象更加深刻。最后布置学生烹饪食物，将智育和劳动教育有机结合，更加凸显了作业在五育融合中的重要地位。

六、比较类作业，让数学作业更精准

对于突破知识难点或是学生容易混淆的知识点，比较题组拥有显著的效果，学生能在直观的比较中感悟解决问题的正确方法。例如，在学生学习完"分数乘除法"之后，可以设置以下比较作业，巩固学生找单位"1"、写数量关系式、确定解决方法、准确列式的能力。

（1）杏树有160棵，桃树的棵数是杏树的$\frac{3}{4}$，桃树有多少棵？

（2）桃树有120棵，是杏树棵数的$\frac{3}{4}$，杏树有多少棵？

（3）杏树有160棵，桃树的棵数比杏树多$\frac{1}{5}$，桃树有多少棵？

（4）桃树有120棵，比杏树的棵数少$\frac{1}{4}$，杏树有多少棵树？

这几道变式题的已知量和未知量都在不断变化，旨在训练学生形成一个解题的模式，即先判断谁是单位"1"，区分已知和未知，然后根据题意写出数量关系式，最后列式解答。做完题之后也要引导学生用自己的语言总结各种情况下的解题策略。学生在比较中解题，然后提炼出解决此类问题的普适方法和运用时需注意的要点。在作业中渗透数学建模思想，用少量的题达到较好的效果，真正做到"提质减负"。

比较类作业除了改变题目条件外，也可以是改变题目的表现形式。例如，学习完"平均数"后，学生除了会计算平均数外，也要理解平均数的概念，初步建立平均数的基本思想（即移多补少的统计思想）。

这两道题目其实都是考查学生是否理解移多补少的统计思想，只是采用了两种不同的表现形式，这样的题目也能拓宽学生的知识边界。

总之，教师要不断提升作业的设计力，丰富作业的形式，不再拘泥于学科作业，拓宽视野，可以设计跨学科作业，甚至是项目式学习。采用更为新颖的作业范式，激发学生的学习兴趣，培养学生的操作和审题能力，沟通数学知识之间、学科之间的联系，提升学生的高阶思维能力，让学生感受到数学的实用价值和数学文化的内涵，感受到数学与国家的发展息息相关。精心设计作业，有利于学生掌握必备的知识与技能，培养学生的学科素养。新颁布的2022年版义务教育课程标准对教学提出了更高的要求，作业不仅要具备智育和德育功能，也要加强体育和美育，更要有落实劳动教育的作用，五育融合的作业更加聚焦学生发展的核心素养，促进学生的全面发展，真正实现"减负提效"。

参考文献

［1］孙玉玲."双减"背景下小学数学作业设计的策略研究［J］.天天爱科学（教学研究），2022（3）：49-50.

［2］张卫星."双减"背景下小学数学作业设计新思路［J］.教育科学论坛，2022（4）：20-23.

［3］孔繁晶."双减"背景下的小学数学作业设计［J］.小学教育教学，2021（8）：29-34.

［4］王雨.浅谈"双减"政策下小学数学作业的优化设计［J］.小学生，2022（1）：47-48.

［5］王月芬.作业，提升教育质量的关键领域［J］.未来教育家，2020（9）：32.

"双减"背景下小学英语合作性教学与劳动教育相结合的措施

唐倩雯

小学英语新课程标准明确提出，在英语教学改革中要注意突出学生的主体地位，为学生创造互动交流的空间，促进小学生对英语知识进行多元化的探索。在此情况下，英语教师在开展英语教学活动的过程中，有意识地探索合作学习模式的构建，能逐步提高教学效果，也能促进学生对英语知识的系统学习，有助于增强教学有效性。因此作为教师，在备课时十分有必要从合作学习模式的构建入手，对小学英语阅读教学改革进行系统的探究，彰显合作学习的优势，强化小学生的英语阅读综合学习能力。

一、丰富教学情境创设，以劳促全

小学阶段的英语教学实践中，教师结合合作学习的应用，可以尝试设计劳作化的教学活动，在组织学生对英语文本进行有效阅读的基础上，引导他们参与动手创作，在活动中强化学生对英语阅读的体验感，从而激发小学生对英语阅读学习的兴趣，逐步提高英语阅读学习综合效果。在小学英语教学中渗透劳动教育既是教育的新要求，也是教育空间拓展的必由之路，学生能从课堂中培养劳动意识并培育劳动习惯，让学生跳出常规，教学形式贴近实际生活，形成正向、积极的思维。

例如，教师在结合广州版小学英语教材五年级上册"What can you do？"句式的学习过程中，可通过合作性学习的方式，先让学生们对日常生活中的劳动类型进行小组讨论，随即开展"I can do ... best"的延展性活动。教师从课堂内句式延展入手，"What can you do？I can ..."，课后学生基于课堂内创设的问题情境开展合作实践，通过家庭劳作形成"Wash the dishes" "Set the table" "Clean the floor"等真实情境。形成课堂教学推进语言知识点学习，课后合作延伸培育劳动意识，对劳动成果加以肯定和珍惜。

又如，在四年级英语下册"Occupation"一单元中，教师可以通过你做我猜、你画我猜等小组合作游戏，每个小组成员随机抽取一项职业任务，每个小组成员使用英语对任务进行描述，将职业相关的阅读信息融入游戏表述中，其他小组成员对所描述的职业进行猜想，落实劳动教育中的职业教育。

在此互动游戏化教学系列活动中，小组成员合作劳动教育参与实际意义上的使用语言活动，能感受到英语阅读和英语交际的兴趣，在合作劳动中能激活学生的成就感，学生的英语语言组织能力也能得到相应的培养。

二、提升语言实际运用能力，以劳育人

学生劳动意识的觉醒需要来自生活的磨砺，让学生通过参与到劳动中深化学生的劳动意识是非常必要的。小学英语教学的很多内容都是和实际生活息息相关的，诸多教学情境创设的灵感也来源于生活。因此，教师在推进英语教学内容创新的过程中，从学生的视角摸索教学内容让学生能够意识到劳动同实际生活密不可分，从而刺激学生的劳动积极性，促进学生劳动意识的觉醒。

例如，在二年级英语下册"What are you doing？"的学习过程中，教师通过创设生活劳动实景，为学生搭建起了真实的居家情境，让学生从搭建的卧室、厨房、客厅、浴室等场景中进行选择，同时教材内容和劳动过程进行

结合。针对日常生活中常遇到的动词cook、wash、clean、watch等进行组词，让学生通过不同场景转换的方式对词组进行实际运用。在此过程中，学生经由角色扮演对词组内容以及词组含义都有了深刻理解，且意识到了家庭劳动内容的纷杂，意识到了日常生活中父母为自身成长的周全考虑，劳动意识和独立意识都有了明显增强。

又如，教师在组织学生对广州版小学英语四年级下册第六课"What do you usually do on Sunday？"的英语知识进行学习的过程中，就可以引导学生以小组为单位对阅读中获取的信息进行整合，从而搭建语言框架，再分角色运用框架进行语言操练，解决难点。教师通过小组合作方式，采用情境合作演绎的方式重现课文内容。学生在情境交际中对课余时间安排做出合理规划，教师引导学生在掌握"What do you usually do on Sunday？"相关英语情境中有效沟通和交流技巧的同时，促进小学生英语综合素质得到高效化的训练，加入自我管理的劳动安排，可设计包含劳动项目的课后作业，促进学生个性化发展的同时，给出正向的指引。

三、强化合作思维品质，以劳促探究

有效的合作探究能强化学生共同学习、互相帮助的意识，教师在教学活动中结合阅读指导为学生创造英语合作探究的条件，能在探究实践中对学生的英语思维品质进行训练，从而提高阅读教学的有效性。"双减"大命题对教师的课堂作业设计提出了新的要求，对作业设计的难度、梯度有了更明确的要求。因此，教师在探索作业设计时，通过不同难度的问题框架设计，由浅入深，分步分小组合作探究，在不断实际运用中，实现实践升华。我尝试在实际运用中融入劳动教育中的服务性劳动教育内容，通过真实的动手、动身服务社会，让学生体会劳动的价值与实际交流的意义。

例如，结合广州版小学英语六年级下册第四课"We can save the animals"英语教学，教师结合阅读文本中所呈现的信息，就可以在组织学生对英语文本进行有效阅读的基础上，指导学生捕捉英语文本中的关键信息，然后设计

简单的合作探究任务，学生在小组学习中共同讨论怎样处理任务，如何通过切身的参与，加强对动物的保护。如：

T：What may happen if we don't do something to save the animals in danger?

Ps：If we don't do anything now, many animals may disappear forever. We may not see them forever.

T：What will you do to save the animals in danger?

Ps：Maybe we can make a saving plan together!

Ps：Maybe we can ask people to save the animals on the internet.

Ps：I think people should stop killing animals in danger.

学生结合阅读文本中获取的信息，在小组合作探究中解决教师提出的问题，这样不仅能提高学生的英语交际能力，还能通过阅读教学和交际训练强化学生的思维品质，提升学生思维的广度与高度，促进学生英语阅读学习的逐步优化。

四、结语

综上所述，在对小学阶段的英语阅读教学进行全面改革创新的背景下，有意识地探索合作学习模式的有效应用，能为学生对英语知识的学习开辟相对较为专业的教育空间，促进学生在合作交流中完成学习任务，强化学生对英语知识的理解，在有效英语阅读辅助下训练学生的语言交际能力和英语思维能力，夯实学生英语核心素养的培养基础。在小学英语教学中开展劳动教育，既是"双减"背景下素质教育空间拓展的重要方向，也是培育学生劳动意识和独立意识的关键阵地。

参考文献

［1］郝彩霞.合作学习在小学英语阅读教学中的运用研究［J］.天天爱科学（教育前沿），2021，9（5）：115-116.

［2］陶丽.深度学习视域下的小学英语阅读教学实践［J］.文理导航（上旬），2021，34（3）：36-37.

［3］郑洁琼.小学英语教学培养学生阅读能力的措施探究［J］.考试周刊，2021，15（19）：97-98.

［4］衣萍.快乐阅读　回归童真——谈核心素养下小学英语阅读高效课堂的构建［J］.求知导刊，2021，8（8）：47-48.

［5］樊明，吴天艺.英语教育的劳动市场回报及英语教育政策调整：基于2016年问卷调查数据［J］.中国劳动关系学院学报，2020，34（1）：20-25.

浅谈小学英语趣味课堂教学策略

黄民华

兴趣是一种求知的内在动力，它促使学生深入钻研、集中精力去主动学习，获取知识，并创造性地学习和完成所感兴趣的学习任务。现代教育家陶行知说过："学生有了兴趣，就肯用全副精神去做事情，所以'学'和'乐'是不能分离的……所以设法引起学生的兴趣，是很要紧的。"处于小学阶段的学生，好奇心重，对新鲜事物特别感兴趣，通过合理满足学生的各种需要，来调动学生的学习兴趣，促进学习过程的积极化。学生对自己感兴趣的事情更容易接受，因而在教学过程中可以把教学内容融入学生感兴趣的事物中，或者用学生感兴趣的方式来实现教学目标。

教师要根据学生的认知特点，设计多感官参与的语言实践活动，让学生在丰富有趣的情境中，围绕主题意义进行活动，感受学习英语的乐趣，从而发现自己的兴趣和潜能，增加学习效能感。因此，想要优化课堂，提高课堂效率，就要精心设置生动的学习情境，激发学生的内在驱动力，营造趣味课堂。

一、融入生活，激发兴趣，让学生注意力"聚"起来

儿童是具有学习语言的能力的，这种能力的实现以一定的情境为前提。学生所身处的生活环境就是一个大课堂，只有通过创设和优化情境，才能激

发学生内在主动的学习兴趣与动力。"兴趣是最好的老师。"我们在课堂上融入生活所出现的场景，学生更加感觉亲切，学习的兴趣自然就会加大，学习的积极性也会提高。

在教学中，可以充分利用实物教具，如图片、表格、卡片等为学生创设一个贴近日常生活的学习环境，激发兴趣，吸引他们的注意力。例如教科版四年级下册Module 2 Activities，这个单元都是些课余活动，学生对此也是非常感兴趣的，教师应该把这种兴趣利用起来。教师可以每人发一个小表格，在四人小组内（分别是A、B、C、D四个人），这四个人轮流提问并且回答做一个小调查（如A问、B答，以此类推），内容是同学们下课后最喜欢做什么样的活动。学生做这个调查就会用到这个单元的句子"What do you usually do after school？"。同时回答的同学也会用到各种相关的活动词汇：play basketball、run、skip等，教师还可从旁指导注意使用一般现在时的时态，让学生感知一般现在时的实际用法，不会只是冰冷地在课堂上学习语法。

创设丰富的语境，在理解和表达活动中帮助学生习得词汇与语法知识，让学生感知和体验形式与意义的练习，在语境中运用所学语法进行交流和表达。通过四人合作学习的方式，让每位学生都能体会到英语的实用性，英语的学习也会变成一项有趣味的活动。

二、多样游戏，多样激趣，让思维"动"起来

根据孩子们喜欢新鲜感、爱玩的天性，设置不同的带游戏性质的比赛任务，让他们可以在班级内展现自己的闪光点。比赛可以把枯燥的操练环节变得有挑战性，学生更加主动地参与；比赛也可以使重复的滚动复习环节变得更有趣味性，形式不一样，学生也会更有新鲜感，保持注意力。例如，刚学习完教科版三年级上册"Unit 7 Where is my pencil？"，这一单元的难点是对空间方位词的掌握运用，但这个单元学生也是非常感兴趣的，因为它涉及了他们经常接触的文具和各种学习用品。教师可充分利用此兴趣进行各项的活动，以四人小组为单位，做一个"Guessing Game"，（A、B、C、D）组员轮

流把文具或学习用品藏起来,藏起来后,用句型问"Where is the pencil?"其他人可以利用句子"Is it in the bag?"来进行猜,此过程会用到各种的方位词与新单词,用身边熟悉的场景进行对话显得更加实际,学生也倍感兴趣。

通过四人小组合作学习,充分锻炼和展现学生多方面的才能,充分发展学生乐于交流、合作互助的学习能力。多让学生体验成功,激发学生的内在驱动力。让每位学生都能体会到英语的实用性,英语的学习也变成一项有趣味的活动。这样重复表演、引导,学生便能熟练地掌握重点句型,达到教学目的。

三、编小诗,巩固记忆,让新知识"扎根"

节奏感强的chant更方便记忆,学生也更喜欢唱好听的歌曲,他们对chant、song的内容记忆力特别牢固。因此在教学中,我经常把教学内容编成chant、song等形式,让学生掌握知识。

例如,在教学四年级下册现在进行时中,把现在分词构成方式中最难记忆的编成一个口诀,方便学生记住此现在分词的特殊形式:早上起床getting,出去游泳swimming,上学迟到running,放下书包putting,自己坐下sitting,开始上课beginning,放学跳绳skipping,帮妈妈切菜cutting,出去购物shopping,oh my god,忘记带钱了forgetting。又如,在教四年级有关日常活动一课的句子时,为了更好地掌握一般现在时以及动词的形式,找到一个节奏比较快的纯音乐作为背景音乐编了这么一首歌谣:"What do you do on Sunday? What do you do on Sunday? I play football./ I play basketball./I play volleyball..."学生跟节奏朗读一遍,又以歌曲唱了一遍,对这个句型以及回答形式朗朗上口。

最后可以选择单独创作,以四人小组合作的方式进行创造性学习,小组成员们在组长的带领下根据之前的歌谣进行改编,在改编的过程中,学生不停地巩固着相关需要掌握的单词和句型,学生在这样轻松愉快的情境中巩固新知识，引导学生积极投入语言学习和实践中。

四、角色扮演，情境再现，让课堂气氛"活"起来

语言来源于生活，学习语言的目的也是在生活当中进行交流，所以新课标非常强调要培养学生的综合语言运用能力。也就是说，要具有在相应的情境当中使用合适的语言能力。因为英语学习是非母语学习，孩子们在课堂上用英语交流，走出课堂也就回到母语的交流模式。例如，一年级口语下册第六单元 "Success with English" 中，要学习有关食物和饮料的单词noodles，fish，chicken，apple，ice-cream，juice，milk，cookies，tea，句型 "What do you want？I want…"。我会在此单元创设一个外国快餐店的情境（麦当劳或肯德基）。首先会让教师充当服务员，让学生充当顾客，在请孩子们"点餐"前把各种食物和饮料介绍一遍，孩子们都会想参与其中，在无意或有意的情况下学会了单词。然后在单词都基本掌握的情况下，可以进行角色对换，让学生充当服务员，教师充当顾客。学生在之前已听了很多遍教师的示范，自然水到渠成，句子随口而出，在发现有不准发音时可以逐一纠正。

同时，在此基础上，让学生利用课余时间动手做自己喜欢的物品来表演，以四人小组合作学习的形式，运用之前所学的知识简单联系本课的知识自由组建新情境，各小组成员自己动手制作可爱的小道具，如面条、鸡肉、茶、可乐等，小组内成员分配好角色，营造一个属于自己小组的餐厅情境，运用相关句型进行交流，提高了学生对所学语言的综合运用能力，不仅融入了生活，还可以达到动手又动脑的目的。

五、发挥劳动技能，绘制学习用具，让学习体验"趣"起来

根据新课程标准的要求，注重学生的体验、感知和实践，激发学生的英语学习兴趣，保持他们学习的注意力。绘制趣味学习工具是一项脑、眼、手等并用的活动，它可以引起学生兴趣，帮助学生记忆，提高学习效率。由于教学资源比较单一，因此可以要求学生画出简单的图片，写出相应的单词卡

片。如教三年级下册名词单复数的时候，以水果为例学习名词的单复数，用画水果数量来区分单复数的用法，如用一个梨子a pear、一个苹果an apple、一些葡萄some grapes等来区分a/an/some 的使用方法。学生们看着自己的画进行相对应的对话活动，如What do you want？I want an apple./ I want some grapes/. May I have some pears？通过这种直观、形象、生动、有趣的教学方式，调动学生多感官参与学习。

在四年级下册学习"There be"句型时，教师首先简单画出一个书桌，用"What's in the room？"提问，引导学生回答："There is a desk."然后又在书桌旁加了一把椅子，学生们会回答："There is a desk and a chair."接着在房间内画一张床，再次引导学生回答："There is a desk, a chair and a bed in the room."这样在黑板上画出了一个房间图片，学生可以一边看着这幅画一边模仿，说出本课所要掌握的句子和单词，然后模仿教师进行口头练习。课后可以引导学生发挥劳动创作技能，利用纸皮等回收物品制作一个自己喜欢的房间小模型，在四人小组内运用学习过的单词和句型向其他组员介绍自己设计的房间，经过小组内推选后，作为代表向全班展示自己设计的房间。

亲身体验，动手操作，让学生有机会进行分组练习，能够更好地进行语言重组和表达，在不断说的练习中同时锻炼了学生的表达能力，最大限度地展现个人独特的思维，增强了信心和勇气。

学生是学习的主体，兴趣是提高学习效率的途径，只有让学生充分投入自己感兴趣的情境当中，才能激发学生的能动性，主动投入学习中来。"教学有法，但无定法。"积极营造趣味课堂，构建良好和谐的师生关系，创设丰富的语境，让学生感知和体验英语，在语境中运用所学语言进行交流和表达，顺利开展英语综合实践活动。

参考文献

［1］刘海涛. 课堂激趣，魅力课堂的内在动力［M］. 北京：北京教育科学出版社，2016.

［2］英国第一龄大学.让学习变得有趣［M］.北京：中国青年出版社，
2019.

［3］戈向红.小学"意趣英语"教学探索［J］.小学英语教与学，2017
（11）：21-23.

［4］中华人民共和国教育部.义务教育英语课程标准（2022年版）［S］.
北京：北京师范大学出版社，2022.